.

1913–1916
EXPLORATION OF
HEXI CORRIDOR ANCIENT SITE

主编：巫新华

西域游历丛书
12

踏勘
河西走廊
古遗址

SIR AUREL STEIN

[英] 奥雷尔·斯坦因 著

巫新华 秦立彦 译

GUANGXI NORMAL UNIVERSITY PRESS
广西师范大学出版社
·桂林·

踏勘河西走廊古遗址
TAKAN HEXI ZOULANG GUYIZHI

图书在版编目（CIP）数据

踏勘河西走廊古遗址 /（英）奥雷尔·斯坦因著；巫新华，秦立彦译. —桂林：广西师范大学出版社，2020.6
（西域游历丛书）
ISBN 978-7-5495-3161-5

Ⅰ. ①踏… Ⅱ. ①奥…②巫…③秦… Ⅲ. ①河西走廊－文化遗址－考察 Ⅳ. ①K878.04

中国版本图书馆 CIP 数据核字（2020）第 075901 号

广西师范大学出版社出版发行

（广西桂林市五里店路 9 号　邮政编码：541004）
（网址：http://www.bbtpress.com）
出版人：黄轩庄
全国新华书店经销
广西广大印务有限责任公司印刷
（桂林市临桂区秧塘工业园西城大道北侧广西师范大学出版社
集团有限公司创意产业园内　邮政编码：541199）
开本：787 mm × 1 092 mm　1/32
印张：9.125　　字数：205 千
2020 年 6 月第 1 版　　2020 年 6 月第 1 次印刷
印数：0 001~8 000 册　　定价：56.00 元

如发现印装质量问题，影响阅读，请与出版社发行部门联系调换。

出版说明

1900—1901年、1906—1908年、1913—1916年，英籍匈牙利人奥雷尔·斯坦因先后到我国新疆及河西地区进行探险考古，并先后出版了这三次探险考古报告：《古代和田——中国新疆考古发掘的详细报告》《西域考古图记》《亚洲腹地考古图记》。这三部著作是斯坦因的代表作，较全面地记述了我国新疆汉唐时期的遗迹和遗物，以及敦煌石窟宝藏与千佛洞佛教艺术，揭开了该地区古代文明面貌和中西文明交流融合的神秘面纱。此外，斯坦因还详细描述了深居亚洲腹地的中国新疆和河西地区的自然环境，以及山川、大漠、戈壁、雅丹、盐壳等地貌的种种奇妙景观。斯坦因的著作为人们打开了此前"未知世界"的大门，当时在国际上引起了巨大轰动，西方列强的学者们对此垂涎欲滴，纷至沓来，形形色色的探险家也紧随其后，蜂拥而至。

斯坦因的这三次探险考古活动，足迹遍布塔里木盆地、吐鲁番盆地和天山以北东部地区，几乎盗掘了我国汉唐时期所有重要的古遗址和遗迹，对遗址和遗迹造成了严重破坏，所出文物也几乎被席卷一空，并运往英属印度和英国本土。此外，斯坦因在河西敦煌以及内蒙古额济纳旗黑城等地也进行了大肆的盗掘和劫掠，其中尤以对敦煌石窟宝藏的劫掠最为臭名昭著。可以说，在20世纪30年代之前，斯坦因是我国西部地区古遗址最大的盗掘者和破坏者，是劫掠中国古代文物的第一大盗。斯坦因的上述著作是西方列强侵犯我国主权的铁证，同时也为那段令国人屈辱的历史留下了真实的记录。因此，我们在阅读斯坦因上述著作时，一定要牢记惨痛历史，勿忘国耻。

斯坦因上述三次考古报告都是综合性的学术性专著。为了方便一般读者更多地了解斯坦因在我国塔里木盆地、吐鲁番盆地和天山以北东部以及河西敦煌等地区的发掘工作和搜集文物的情况，我们对上述三次考古报告原著做了一些技术性处理：根据原著各章内容的关联性进行分册，删除一些专业性特别强的内容，将插图进行适当调整并重新编序等。

本册出自《亚洲腹地考古图记》：1914年4月，斯坦因对疏勒河以北的汉长城进行了详细考察。绵延深入罗布沙漠的汉代西部长城是连接河西走廊与西域的纽带，是汉代经营西域强大武备与深厚经济文化实力的见证。

目　录

第一章

追寻长城到肃州

第一节 疏勒河以北的汉长城

1914年4月14—17日，我们在安西（即古瓜州）做了短暂停留。下一步的考察将在甘肃西北部进行，这几天我都用来为此做准备，还做了几项文字上的工作。我前几次在安西停留过，已经对安西绿洲的地理特征比较熟悉。安西的当地资源虽然并不丰富，但由于其地理特征，公元1世纪就开通了从这里向西北到哈密去的沙漠道路。自那之后，这条道路就成了中国和中亚之间的主要交通线。由于安西处于亚洲的一个大十字路口上，它在中国与西域的关系史上扮演了重要角色。

今年春天，我打算从安西附近起，追踪和考察汉武帝修筑的长城，一直到肃州东北，以便解决一个我在1907年的匆忙考察中提出却尚未澄清的问题。然后，我将沿着黑河（即额济纳河）走，一直到它的尾闾附近。因为俄国探险家科兹洛夫上校近期在那里有了一个发现，再加上其自然特征，我们有希望在那里找到地理学和考古学上有价值的东西。为此，我们将同时在沙漠地区展开工作，而且必须在酷暑到来之前完成所有工作。

考虑到这一点，再加上在这个季节里，我们必须让骆驼轻装上阵，所以有必要将辎重减少到最低限度。因此，我们仔细检查了所有的行李，把春夏两季的工作用不着的东西都留了下来。1907年我们就发现衙门是一个存放多余东西的好地方。现在的地方长官是个很谦逊的县官，性情和善，不像以前的长官那么架子大，所以我又能把所有多余的行李包括离开楼兰后一路携带的一切古物，都交付给衙门保管。忠诚的依布拉音伯克再次留守下来，担任衙门储藏室的警卫工作，并确保里面的东西不致受潮。这种防范是必要的，因为根据我们在1907年6月和9月的经验，安西偶尔会有来自山区的降雨。

在从安西动身之前，又有一个蒙古族翻译加入了我们的队伍。他是我在扎西德伯克的协助下费了不少力气才找到的。他来自一个由蒙古牧人组成的小营地，那些牧人是从焉耆来到敦煌附近的。我从一开始就意识到，有必要随队带一个懂突厥语的蒙古人，这样当我们按照预定计划来到蒙古南部的黑河地区时，工作起来会方便些。我们本来想在焉耆上游的谷地中放牧的蒙古人中找个翻译，但遭到了来自乌鲁木齐官方的阻挠。现在找到的这个临时补缺者名叫马鲁木，穿一件僧侣的红袍。后来我们发现，他是个强悍而且非常聪明的人，受过一些教育。他脾气有点暴躁，不止一次和我们在黑河上遇到的土尔扈特牧人等发生争吵。尽管如此，他在行程中和在哈喇浩特（即黑城）都出了不少力。他自己带着所需的一切东西，骑着自己那匹强壮的蒙古马，没给我们带来任何麻烦。在去肃州的路上，没什么让测量员穆罕默德·亚库卜独立工作的机会。因此，为了进一步减轻骆驼的负担，我派他用车押运着所有一时用不着的东西先到肃州去。

剩下的人马4月18日就从安西出发了。在安西城东北的一个地方，我们过了疏勒河的北岸。河道虽然又宽又深，但最深处的河水也不及2英尺。这说明南山那些外围山脉之间的第一次冰雪融水泛滥已经过去了，而疏勒河河源那条高原谷地中的雪还没开始融化。在疏勒河河床和北山最南端向疏勒河倾斜下来的光秃秃的砾石缓坡之间，有一条长着灌木的不宽的路，我们就沿着这条路走。第二天傍晚，我们就接近了疏勒河峡谷。疏勒河是在南岸的小宛村上游约8英里处经过这条峡谷的。

1907年9月，我从大道去安西的途中曾路过这里，当时我得出了这样的结论：从西边一直延伸到小宛村附近的汉长城，就在这条峡谷附近过了疏勒河北岸。当时我的确在峡谷靠下游的那一侧看到了烽燧，很像汉长城上的那种烽燧。但我之所以得出上述结论，主要是考虑到地形上的原因：如果边界长城线就在峡谷那里过河，明显有战略上的优势。而我曾在玉门县以北的十二墩附近找到了长城，说明东边的长城确实是在疏勒河北岸。

峡谷北边是北山最南段一条铺满砾石的分支，这条分支突出来，末端靠近河边。而对面是座高些的嶙峋的山，名叫万山子（应为乱山子——译者）。南山的一条最外缘山脉将踏实和桥子所在的谷地同疏勒河河道分隔开来，而万山子就是那条山脉向东北方向的延续。陡峭的万山子矗立在河边，而从玉门县、布隆吉到安西去的路是在高出河面约22英尺的地方穿过万山子的。这条路在下到平地上并朝小宛村去之前，越过了万山子西边的一条分支。就在那里，我曾发现路边有两座大烽燧，但它们似乎不是古代修筑的。在万山子西部脚下和小宛村之间是生着灌木的地面，可能以前曾被开垦过。在这块地面上，我也未曾发现任何汉长城的遗迹。因此，我们仍然缺乏明确的考古学证据来证明汉长城的确是在此穿过了疏勒河的。

这一次当我们沿着疏勒河北岸接近这块地面时，在离121号营地约13英里的地方，我们经过了一些废弃的牧人小屋，那里还有五个小炮台奇怪地排成一排。在现代中国甘肃和新疆的大路上，重要的站点经常可以看到这种炮台。这是个奇特的标志，说明河北岸已经引起了行政管理部门的注意。尽管驼队偶尔也沿着河北岸到安西去，但北岸是没什么明确的路的。又往前走了3英里，我们来到了一个小废墟 T.XL.a。废墟靠近河边，由墙体围成，里面约19.5英尺见方，东北角有一座8.5英尺见方的烽燧。烽燧用土坯筑成。为了加固烽燧，后来又在烽燧南边和北边添筑了墙。烽燧的围墙似乎是后来添筑的，而且明显看出来有修补过的痕迹。敦煌东西两侧的汉长城上，不少烽燧周围被围了一圈墙，墙一般是后来添筑的。此地再朝东的其他烽燧也有这样的情况。北墙附近和烽燧顶上小瞭望塔的垃圾中没有发现可提供年代线索的东西，围墙外面的沙地上也没有发现古代陶器碎片。

在这里可以望见东北的烽燧 T.XL.b，它离此地约 2 英里远，位于咽喉状的峡谷入口处。它上面还有另一座很醒目的烽燧 T.XL.c，坐落在一座很陡峭的小山顶上。这座小山面对着万山子，从北边俯瞰着疏勒河，它是一条小山脉的最后一个突出部。在向 T.XL.b 前进的路上，光秃秃的地面逐渐变高了，被完全风蚀成了雅丹。

在离 T.XL.b 还剩一半路时，我们注意到有一条暗色的砾石带穿过我们右边的风蚀地面，向河边延伸了过去。到了砾石带西端时，我们发现它无疑就是汉长城的墙体。墙体中没有发现柴捆或其他能使其加固的材料。墙体北边有条浅沟，筑墙用的泥土就是从那里挖出来的。浅沟对面有一条小土丘，形成了一条辅墙。长城墙体的方向是直指着 T.XL.a 的，但西边的风蚀作用已将残墙全部抹去了。于是我们再没有什么怀疑了：汉长城就是在这里过疏勒河。

沿着墙体走了 0.5 英里后，我们折向烽燧 T.XL.b。烽燧位于墙体北边不远处，矗立在较高的地面上。它完全就是守卫着敦煌长城的那种烽燧，保存得极好，用一层层结实的土夯筑而成，每层土有6英寸厚。我们在烽燧周围发现了大量带席纹的暗色陶器碎片，还有不少大石头，大概烽燧顶上曾放了很多石头作防卫之用。在离烽燧很近的地方，我们还捡到了一枚大五铢钱。

然后，我登上了峡谷北边那条布满碎石的陡峭山脉。山体四面都是水冲出来的小沟，但沟之间的窄岭多少年来大概变化并不大，因为在好些地方我们都发现了往山顶去的古代踪迹。从测角器的读数来看，山比河边平地高出300多英尺。山顶视野十分开阔，我可以看见整条峡谷和东边的宽阔谷地，一直看到布隆吉的大围墙。朝着远处的北山外缘是缓缓抬升的萨依，在这里能将萨依一直眺望到接近一天的行程么么远。也可以看见向安西延伸过去的砾石缓坡的脚下。

这真是天造地设的一个进行瞭望的好地方。而烽燧 T.XL.c 就坐落在山的最高处，说明当初守卫汉长城的人也注意到了这里的优越条件。这座烽燧用常见的土坯筑成，每隔三层土坯夹一层红柳树枝。烽燧底部有23英尺见方，由于山坡沉陷，烽燧南侧和西南侧的土坯掉落了不少，但残烽燧仍高达13英尺。我注意到，在东侧烽燧上，两层常见的水平放置的土坯之间是一层垂直放置的土坯。这种筑造风格在长城古建筑上很少见。但毫无疑问，这座烽燧也是汉朝修筑并派人驻守的。因为在顶上一座小瞭望塔的垃圾堆里，我发现了从一件木文书上削下来的保存极好的小薄片，上面写有汉代风格的精美汉字。我们还发现了两枚空白的木简残片。在小麦秸秆、芦苇秸秆等物之中还发现了一些木制和皮制的小物件。

从山上下来，在离 T.XL.b 以东约 2 弗隆（英制长度单位，1 弗隆 = 201.18 米——译者）远的地方，我们又遇到了长城墙体。这里的墙体是由夹杂着砾石的土层和红柳层筑成的，我们沿着墙体走了 1 英里，到了 122 号营地。在这段距离内，峡谷北侧离现在的河床只有 200 码远的地方是一行小石山，墙体就出现在小山的坡上。石山的顶部比墙体高出 100~150 英尺，从山顶看，墙体尽收眼底。这表明，这段城墙不是为了军事防卫上的目的，而只是为了更容易维持边界治安。从山脚延伸下来到河边的那段墙体中的灌木层全部腐烂了。但那里以西约 400 码的地方，墙体被砾石丘所取代。那条砾石丘直着朝 T.XL.a 延伸过去，在这边也仍高达 20 英尺。我猜想之所以用这条又高又宽的砾石丘取代墙体，可能是因为砾石丘所在的那块平地在洪水泛滥季节可能会被淹没。

4 月 20 日早晨，我又查看了一下这块地面后渡河来到了南岸。这里的疏勒河道宽 45 码，中间水深 3 英尺，流量约为 1 600 立方英尺 / 秒。比较一下 1907 年大概这个时候之前的两个星期我们在敦煌测得的党河水量就可知道，在春末党河源头的冰川和大雪融化之前，疏勒河的水量比其支流党河要小。

在 122 号营地下游的河南岸，从万山子下来的一条小沟沟口有一座庙宇遗址。庙宇修得很好，看起来是近期修的（图 1）。后来我们才知道，它叫老君庙，曾在当地发生叛乱时被毁坏过。沟口两侧是两座很陡的石山，每座山顶上都有一座小佛塔和一座方

图1 万山子峡谷，河左岸上的庙宇遗址

形小屋，如今也都成了废墟。

无疑，从地形和军事上看，在汉长城推进到敦煌之前，从万山子末端的这一点可以很方便地戍卫两翼的长城。这在一定程度上可能会支持我的假设：来自玉门县和肃州的道路所经过的这条峡谷，可能曾是一处类似于古代玉门关或现代嘉峪关那样的关隘。

如果是这样，我们就可以解释为什么在这里会出现一座废庙。我们发现在长城上其他的关隘，当地的拜神传统也是非常久远的。要是我们能知道晋昌究竟在什么地方，这个问题大概会更清楚些。唐代史书中说，公元610年时玉门关就位于晋昌，中国的文物工作者认为它应该在安西以东。

在此我要说明一下，万山子峡谷对于戍卫从甘州、肃州到安西并进而到哈密去的道路有重要的战略意义。有一点可资证明：清康熙、乾隆年间，甘州、肃州既要防范准噶尔部的进犯，又要为从那里收复新疆做准备，那时此地以东约10英里远的布隆吉有大量军队驻扎在几个小耕种区之间，位置十分便利，既可以戍卫万山子峡谷，也可以戍卫疏勒河河道。

我们又过河从北岸向东走，在离122号营地不足0.5英里的地方又遇到了长城墙体。这段墙体在两座低山之间穿过，低山上的石头被侵蚀得很厉害。这两座低山是 T.XL.c 所在的那座山的最东南边缘。在120码远的距离内，墙体形如双层堤坝，上面布满了碎石。南边的土丘底部宽约24英尺，高10英尺。北面的土丘没这么宽，而且只有5~6英尺高。两座土丘顶部的中心线之间相隔约44英尺。过了这段之后，双层墙体又延伸了约80码。那里两座土丘中都露出红柳枝，而且南边的墙体只有12英尺宽，说明这段墙的筑造方式不同于前面那段。这块地面上出现了双层墙体，大概是地面支离破碎的缘故。

再往前走一点，地面上不再有石头暴露出来，长城的所有迹象都消失在一条冲积而成的松软的黄土带上。这条黄土带位于河床边上，约有0.5英里宽。地面上有一条条与河道平行的深沟，似乎是风蚀作用形成的。走了约3英里后，我们来到了一块地面，那里偶尔会被水淹到，生长着茂密的芦苇和灌木。在那里也没有发现长城墙体的遗迹。但又走了5英里后，我们遇到了一座废烽燧。它坐落在一块俯瞰着宽阔河床的土台地之上，土台地部分地方长着一丛丛胡杨树和灌木。

这座烽燧就是 T.XLI.a，1907年9月我在布隆吉西边的路上就曾望见过它。当年，在我的指示下，拉尔·辛格从安西出发进行了一次勘察，还实地探访过这座烽燧。但只有现在，我们才能证实它是汉代古长城上的一座烽燧。烽燧用土夯筑而成，底部约有20英尺见方。烽燧北面已坍毁，余下的烽燧裂成了两部分。烽燧附近光秃秃的地面上有许多深灰色汉代席纹陶器碎片。在西南角的一小堆垃圾里，我们发现了一枚宽木简残片，上面仍有几个汉字，这给我们提供了确凿的证据。

我现在敢肯定，这段汉代的长城线是沿着疏勒河北岸伸展的。早在1907年，当我们从南边很远处的大路遥望这块地面时，我就已作出了这样的假设。原来必定曾有长城墙体经过这座烽燧，但在河谷两边的植被带中，墙体未能保存下来。再往前植被带逐渐变窄了，并最终让位于光秃秃的地面，地面上被风蚀作用切割出了小雅丹。在这段距离内，我们也没有发现墙体。但在河的一个转弯处矗立着一座醒目的烽燧，它给我们指引了方向。从 T.XLI.a

走了约5英里后，我们到了那里，发现它也是座烽燧。

这座烽燧（T.XLI.b）用土夯筑而成，保存得很好，底部为20英尺见方，烽燧仍有29英尺高（图2）。我手下的一个人将一根绳子抛过烽燧顶，借助烽燧西侧保留下来的踏脚孔爬到了烽燧顶上。在那里他发现的部分零碎东西有：一把木勺；一页卷起来的纸，纸中间包着些搓成小黄条的药材；一块皮革残片；一块很粗糙的毛织品。他还发现了两枚木简，其中一枚上面能隐隐看出汉字。在烽燧脚下发现的大量汉代陶器残片中，有一件器皿的残片都上了一层灰棕色的斑驳的釉。烽燧西面原来连着一圈围墙，现在只有北墙仍比地面高出几英尺。在围墙里挖出的垃圾堆中只有秸秆和牲畜粪便，没有发现古物。但在墙外面，我们捡到了一枚残破的五铢钱。有一条低矮的土丘大致呈半圆形绕过烽燧北面，土丘中没有柴捆的迹象。这大概是一小段长城墙体，而其余的墙体都已消失了。

在此后2英里的距离内，是一条几乎全被切割成小雅丹的光秃秃的土带。之后，我们来到了一块醒目的土台地T.XLI.c。古人将它四面粗略地削过之后，改造成了一座天然的烽燧。烽燧附近的地面上，尤其是南面，散布一层厚厚的汉代陶器碎片，说明这块台地曾被当作一座烽燧用，可能很长时间都有人驻守。在这里我们也发现了一枚残破的五铢钱。一道约10英尺高的墙体，在这块小台地的东、北、西三面绕过去，离台地32~36英尺。但在东边和西边，我们都没有找到墙体继续延伸下去的部分。

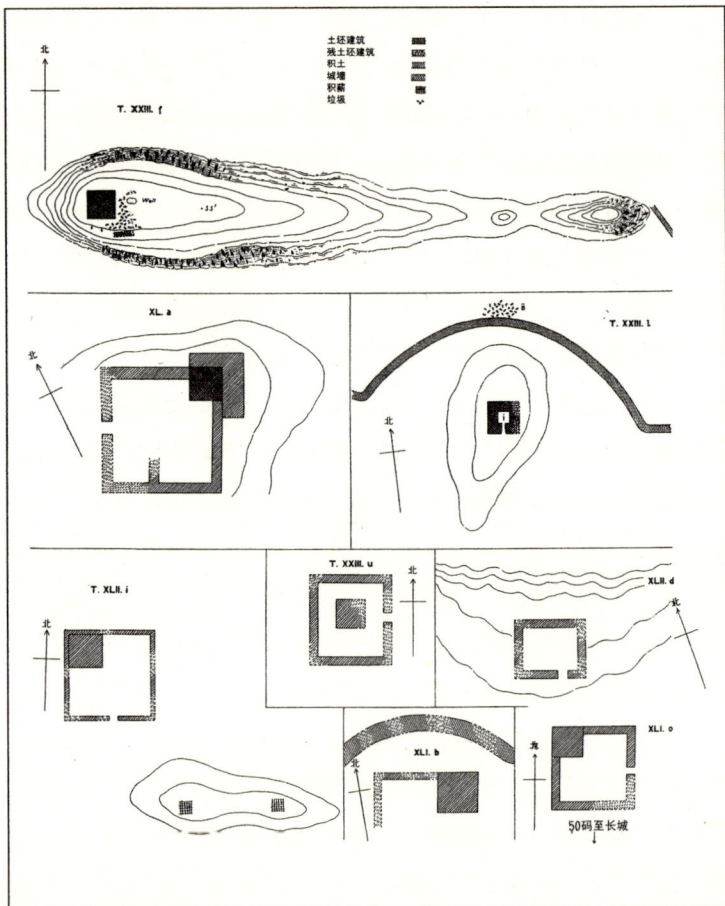

图2 敦煌长城烽燧平面图

晚上，我们在此地以南约0.5英里远的河边扎了营。4月21日早晨，我们继续向东考察。只走了约1.5英里的路，我们就来到了T.XLI.d。这座烽燧是用土夯筑成的，很醒目。它矗立在离河岸不到30码的地方，对岸就是九道沟村的田地位于河下游的那一端。风蚀作用将烽燧北脚下的土切到了4英尺深，因而烽燧北侧已坍塌下来，成了一块块黏土。剩下的半边烽燧仍有约28英尺高。烽燧脚下有大量古代陶器碎片，我们在附近还捡到了一枚五铢钱的残片。

接着我们又在这片萨依和河之间窄窄的风蚀地面上走了1.5英里，来到了一座低矮石山的西边脚下。这座山是从布满砾石的缓坡向河边突出过来的。沿着河边台地有一条曲曲折折的踪迹。我注意到踪迹上有汉代陶器碎片，就沿着踪迹往北走，来到了一座小山丘。山丘上发现了红柳捆，说明那里是一座烽燧遗址，但只有2~3英尺高的烽燧底部保留了下来。此外，还有一些垃圾，在各种垃圾中，我们发现了一个木纺锤。就在柴捆外边，我们还捡到了一枚带字的大五铢钱。

上文说的踪迹，沿着靠近河床的小山岭脚下绕了过去。我们沿着踪迹又走了1英里，来到了大烽燧T.XLI.f。这座醒目的烽燧高踞在一座孤立的小山丘顶上，比河边平地高出150英尺。这座烽燧带透孔护墙，肯定是后来修筑的。但仔细研究了之后我们很快发现，这本是一座汉代烽燧，后来人们在其东、南、西三面又加了一层土坯，将烽燧加大了。原先的烽燧很坚固，用土坯筑成，每隔3英尺6英寸出现一层芦苇。烽燧底部有24英尺见方，加大后的烽燧底部有32英尺见方。目前烽燧高32英尺。烽燧南侧可以看到用来爬到烽燧顶上去的踏脚孔。在这里，向疏勒河的上下游两个方向都可以望出去很远。

开始我们在烽燧脚下南侧的石质地面上只发现了一些垃圾。但当我们查看布满石头的山南坡时，烽燧底下约20英尺的地方隐藏着大量垃圾，垃圾层约有2英尺厚。迅速清理之后，在秸秆、木片等物中，我们发现了不少零碎的东西：几枚或空白或字迹已被磨光的木简、由某种针叶木做成的写板残件、大量小块素绸或棉布等。显然，这些东西是由守烽燧的人丢下的，在一定程度上受到了偶尔出现的雨雪的损坏。但一枚已经碎成了三枚的木简，上面仍保留着汉代字体的汉字（提到了一座烽燧的长官）。我们还发现了一枚中国古钱币，上面隐约镌着"货泉"二字，也证明这里汉代时有人驻守。烽燧附近还发现了两枚清代铜钱，显然是近期在那里戍卫的人遗落的。

山脚下有一个用土夯筑成的小院落 T.XLI.g，看起来年代要晚得多。在院落里和附近发现了大量上过釉的陶器和瓷器碎片，还有一枚康熙古钱币，都与我们对它的年代作出的判断相符。当我们绕着山脚只走了0.25英里时，我注意到了石山坡上露出来的红柳层，那是朽坏得很厉害的一段墙体。在约40码的距离内，墙体都清晰可辨，与河平行。再往前不到0.5英里，离河很近的地方又出现了一小段墙体。

然后，墙体的所有迹象都消失了。位于疏勒河与砾石萨依脚下之间的地面，是一带荒凉的光秃秃的土地，受过很深的风蚀作用。在较小的形如雅丹的台地之间，零星矗立着几块台地。我们从这里向东走了约6英里，没有看到任何墙体或烽燧的迹象。当我们进入一块布满砾石萨依时，左边的平地上有一长条直线，引起了我手下那个蒙古人的注意。我们到了它那里，发现它离河边只有1英里远。这条低矮土丘两侧都露出灌木来，说明它是一段朽坏得很厉害的长城墙体。在我们遇到墙体的地方附近，有一座已完全坍毁的烽燧，即烽燧 T.XLI.h 遗址。在遗址附近的垃圾中，我们发现了两枚写文书用的那种木简，但木简上的文字已经被磨光。

第二节　从桥湾城到十二墩

在离 T.XLI.h 还有几英里的地方，我们就已经看见了河边一座小城的残墙和破庙。1907年我经过三道沟和布隆吉之间的大路时，就从远方注意到了这座城。当时我在地图上把它标作桥湾城，当地人称之为彭家庄。但彭家庄似乎指的是城外的一个居住区（现在仍有僧人住在那里，偶尔过往的驼队也把那里当作歇脚的地方），而不是指这座废城，所以还是把"桥湾城"作为废城的名称比较合适。

这座修得很好的小城十分醒目。我知道，19世纪60年代当地发生叛乱后，这里才被废弃。但即便如此，当我查看它的废墟时，仍得到了不少启示。据说一直到被毁之前，都有驻军驻扎在这座小城中。小城厚重的城墙用土夯筑而成，从图3中可以看出，城墙围成长方形，大致呈东西走向。南墙离疏勒河北岸不足100码远。南墙和北墙上各用硬土坯为拱顶，开了一道大门。每道大门外都用一个方形外部建筑来保护，方形建筑也有一道类似的大门。

当我们从河边进入城内时，仿佛进入了一座稍微改装成中国式样的罗马古堡（图4）。从每道大门外都伸出一条笔直的宽阔大街，一直延伸到对面的城墙那里。大街两边是房屋，盖得很坚固，但现在都成了没有屋顶的废墟。在两条大街的中点是与它们垂直相交的第三条街，这条街是沿着长方形城的长轴伸展的。在从南门伸出来的那条大街尽头，我发现了一座破败的庙，里面仍保留着很破烂的一尊佛像和几尊天王像。庙旁的两座破房子里仍有几个僧人居住，他们是这座孤城中唯一的居民。他们之所以住在这里，庙之所以被部分地保存了下来，是因为当地仍有拜神的传统。从北门伸出来的那条街的尽头是衙署，现在已毫无用处，只有其入口处两尊古怪的狮子述说着那里往日的尊严。

大门上方原来曾有装饰性的城楼，城墙角上的角楼也是如此。这些装饰性建筑都已完全成了废墟，但不少装饰用的精美浮雕砖残片保留了下来。有的保留在原地，有的被用进近期修复的小佛

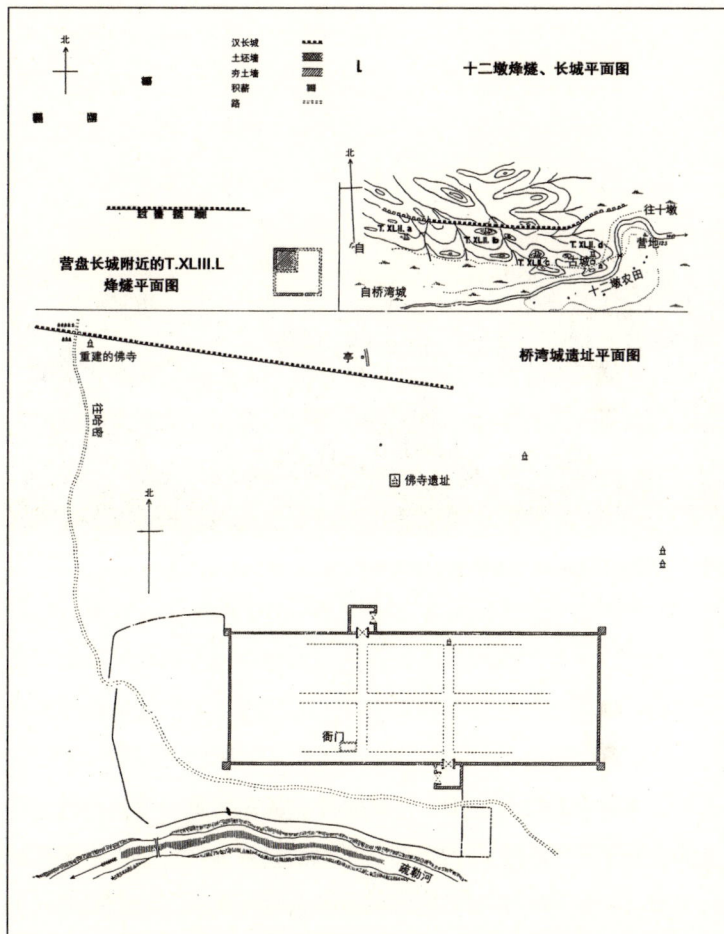

图3　十二墩烽燧、长城及桥湾城遗址平面图

图4 布隆吉以东长城上的桥湾城城堡内景

龛中。整座废城遗址表明，它的各个建筑是在同一时候按计划建成的。显然，当时的政权即便在帝国的边缘地区，仍能有效地进行控制。我们问那些和尚这座城是什么时候建的，他们对此一无所知。这座城远在明代的万里长城之外，并且从装饰性浮雕的风格来判断，这座前沿堡垒是清朝初期从康熙到乾隆那几个皇帝在位时建的。

这座城的用途很快就清楚了，它是戍卫哈密道临疏勒河的地方的。这条道是从哈密穿过北山戈壁延伸到这里的，是哈密绿洲和肃州之间最直接的联络线，很适合骆驼和马走。当这座城堡有驻军时，到哈密去或从哈密来的驼队必须在此取得物资，并进行休整。这里一边临河，另一边靠近耕种区。当人们穿越沙漠向西北去时，把这里当作桥头堡显然是很方便的。

我发现城墙外的西边和南边有很多萨拉依（即旅舍或馆舍——译者）亭子等，形成了某种郊区。这肯定是为了满足哈密道上交通的需要，同时也为了给那些服务驻军的人有地方住。这些建筑都已成了废墟。郊区的围墙很不规则，也不太坚固，说明郊区是后来逐渐发展出来的，并没有出现在最初的城堡规划之中。

桥湾城原来是那条沙漠道的南部终点。自从这座小城被毁并被废弃之后，它在哈密道上的地位也就大打折扣了。因此，沿这条道从哈密来的人，现在都倾向于在到桥湾城的前一天，改走另一条稍微再往东边去的路线。如果是这样，他们将在桥湾城上游约5英里处过河。在那里，河北岸光秃秃的砾石带被一片沙地取而代之，沙地上有茂密的植被可供骆驼食用。而在桥湾城，牧草极少。我后来在T.XLI.k看到了这条新路线穿过长城墙体的地方。

这座废城的面貌以及它作为一条沙漠道终点站的位置，都令人联想到楼兰要塞L.A。在查看了围墙以北开阔地面上的废墟后，我的这种印象就更强烈了。古代长城线实际上就是从那里穿过去的，这使那里具有了更多的文物学价值。离北门约150码远的地方是一个宽大的地基，地基上是一座大庙的废墟。庙已完全坍毁，只是通过有步骤的挖掘后，我们才知道了它的内部结构。它东边还有几座保存得好得多的小庙，大概是守城的某些军官为表达自己的虔敬之心修的。

从这座大庙再往北走100码，就是长城墙体。这段笔直而连续的墙体出现在光秃秃的砾石地面上，大多数地方仍高达3~4英尺。在墙外不远处，我发现了两条平行的浅沟，沟边有一座破败的亭子。要不是我带了一个和尚做向导，我真会对此大惑不解。在遥远的将来，如果有哪位考古学家看到了这些，他也会为此大伤脑筋的。那个和尚告诉我，这是让骑兵在骑马飞奔的同时练习枪法用的。

在离桥湾城西北角约350码的地方，我到了去往哈密的车马道穿过长城线的那一点，那里有个真正具有文物价值的东西在等待着我。形如低矮砾石土丘的墙外边，矗立着五座小佛塔，与墙体平行排成一排。墙里面又有三座小佛塔。小佛塔的作用相当于坟墓上的纪念碑，它们本身就足以证明那里至今仍是个神圣的地方。我们还发现了更明确的证据，说明那里的拜神传统一直保留至今。我们发现了一座破败的大庙，就矗立在长城线南边、路东边。庙的一部分近期曾修复过。人们告诉我，这是为了纪念那些在平定叛乱、保卫桥湾城时牺牲的人。一个靠外的院子里仍有藏族喇嘛住的僧舍，表明这座庙现在仍在使用。

我曾反复说过，从很早时候起，凡是大路通到帝国城墙外面去的地方，在中国人的情感中都会激起一种宗教上的敬意。因此，我们完全有理由认为，在这个从地形学上算得上是长城上一处真正"关隘"的地方，之所以出现了现代庙宇和佛塔，是当地古代的拜神传统留存至今的缘故。在这个遗址上我没有发现任何古物，但很可能古物就埋藏在当代大庙底下。无论如何，有一点是值得注意的：哈密道过长城的这一点，恰好处于烽燧遗址 T.XLI.h、i 中间的位置，那两座烽燧分别在此地东边和西边1英里远的地方。在东段的长城线上，烽燧之间一般间隔1英里远。因此这里很可能也有一座烽燧来戍卫哈密道。

关于桥湾城的地理优势和战略优势，我还要再说几句。正是因为这些优势，它才成了安西—哈密道之外的另一条从甘肃到哈密去的道路的起点。也是因为这些优势，大概早在18世纪，这里就有军队驻守，以防范来自哈密那一边沿着这条道或其他途径进犯的敌人。我已经说过，这条道是甘肃和哈密之间驮东西的牲畜能走的最直接的路线。从交通上的重要性来讲，它是无法与安西—哈密道相比的。这条道要经过一系列高大陡峭的北山山脉，车没法通行。而西边那条从哈密到安西的道上，则完全可以用车。另一方面，在这条道上骆驼吃草的问题比安西—哈密道更容易解决。我们将会看到，这条道朝东边的营盘（花海子）和肃州继续延伸时，一路上牧草也都很丰富。

清朝把桥湾城选为沙漠道上的一个基地，大概还有一个原因：

把疏勒河以南耕种区的物资运到这里来极为方便。大村子三道沟附近，有一长条耕种带向这里延伸过来。三道沟位于从玉门县到安西去的大路上，在叛乱分子的劫掠之后，这条耕种带上的不少农田荒弃了。疏勒河有很多大水渠状的支流沿着河的冲积扇流下来，可以提供灌溉上的便利，但多数田地依旧荒弃着。即便如此，在今天离桥湾城遗址2~3英里的范围内，我们仍可以见到一小块一小块开垦过的土地。而另一方面，这片耕种区同疏勒河北面之间联系起来特别容易。这里的疏勒河河床很窄，陡峭的土岸约有20英尺高。从桥湾城"郊区"有一座桥跨过了河床，那里的河床只有50英尺宽。

最后还有一个问题：为什么这个旨在戍卫沙漠道南端的军事堡垒被放在了疏勒河北岸——那里的地面是无法开垦的，也没有别的诱人之处。这有助于我们了解另一个问题：汉长城的筑造者，从疏勒河大拐弯起，把长城线一直筑到了万山子对岸的小山，然后让它一直紧贴着疏勒河北岸，而那块地面自古就是荒凉的沙漠。我想，这是因为从军事防卫的角度来讲，北岸明显更有优势。这些优势是由地形决定的。所以，自从中国势力第一次到达甘肃西部起，这些优势就一直存在着。

乍看起来，似乎可以把疏勒河本身作为最便利的天然边界线。而如果想为戍守沙漠道末端而修一座城堡，以便防范可能会从西北沿沙漠道过来的敌人，最理想的位置似乎是河南岸的耕种区。但仔细考虑后我们就会发现，在这里的防卫中，决定性的因素并不是疏勒河（因为全年的大部分时间，过河都是很容易的事），而是紧挨河北面的宽广无水的沙漠区。如果向北穿过北山光秃秃的砾石缓坡，离桥湾城最近的水源是一处存积成沼泽的泉水，那眼泉水所在的洼地我们也曾考察过。按照伏特勒教授的地图，那里离桥湾城的直线距离有17英里。显然，在河北岸设堡垒，可以使敌人到不了河边，取不到河水。这样可以更有效地阻挡到疏勒河南岸绿洲和那里的大交通线劫掠的敌人，比只在河南岸设防强得多。

我想这样大概既可以解释为什么汉武帝选择这里修长城，也可以说明过了1 800多年之后桥湾城被作为军事要塞派兵驻守的原因。这些措施都是中国向中亚的扩张政策的结果。而且，在这两个不同的年代中，那些负责戍守疏勒河下游河谷这条走廊的人，都敏锐地看到了此地地形的战略意义。能敏锐地觉察到地形的战略意义，这是中国军事史的一项传统。

关于桥湾城还有一点值得一提。它优越的地理位置恰好还可以戍卫另一条从北山通到这附近的道路。我指的是最早由格卢姆·格里什迈罗先生，之后由欧布罗柴夫先生追踪的那条道。它起于疏勒河大拐弯上游约8英里处，然后曲折前行，先是向北，接着折向西北，并在魔头井和伏特勒教授追踪的那条道会合在了一起。这条通哈密的交通线不是太直，但也有其重要性。因为，过了明水水井之后，它同其他小道连接了起来。从蒙古那一边和准噶尔那一边，游牧部落可以沿着这些小道到北山最东段来。

4月22日太阳升起的时候，我们继续向东考察长城墙体。我们很轻松地就在布满砾石的地面上沿着墙体走了1英里远，来到一个朽坏很严重的遗址。那里曾是一座烽燧，烽燧的墙体厚3英尺，墙体用土坯筑成。在清理垃圾堆时发现了一些零碎小东西。其中值得一提的是一个捕兽器的一部分，这种捕兽器至今在非洲和亚洲一些地区仍在使用。除了汉代那种带席纹的灰色陶器碎片，我们还捡到了瓷器碎片，说明在汉代以后的朝代，这里大概曾有驻军。

在此后的2英里内，代表长城墙体的那条低矮笔直的土丘仍十分清晰。但两座烽燧 T.XLI.j、jj 都已完全坍毁成了小砾石丘，上面散布一层厚厚的汉代陶器碎片。这两座烽燧与前后烽燧的间隔都是1英里。过了这段之后，地面变成了光秃秃的，风蚀作用更加明显。那里的墙体只是横亘在地面上的一条笔直的暗色砾石带。离桥湾城约4英里处我们遇到了那条清晰的小道，前面曾说过，伏特勒教授曾追踪过这条小道。从哈密来的大道现在就是通过这条小道到达疏勒河北岸的。小道旁边有一块土台地，上面是一层厚厚的汉代陶器碎片和石头。那里原来是烽燧 T.XLI.k。在台地附近我们还发现了一枚大五铢钱。

我们又沿长城墙体追踪了1英里远，来到了 T.XLI.l。那里的长城线附近有两座小佛塔，佛塔用土坯筑成，年代较晚。长城线以南约180码的地方有一块小土台地，上面是一个圆顶小建筑的遗存，小建筑一部分切入了土中。在它附近发现的陶器碎片大多属于较晚时期。这个遗址的奇怪之处是一条水渠，水渠呈东西走向，离长城墙体不到60码。我们在到 T.XLI.m 的路上遇到一条浅沟，那里的水大概曾流到这条水渠中来。

过了 T.XLI.l，长城墙体很快便消失在一片风蚀作用很厉害的地面上了。这种地面又逐渐变成了宽阔的沙地，生长着大量芦苇和灌木。为了到 T.XLI.m 去，我们只好折向东南。但从 T.XLI.l 走了2英里到达那里之后，我们却发现它是后来建的，顶上有一个小佛龛。

现在我们进入了沿疏勒河北岸的一片洼地，疏勒河就是在这里拐了一个弯向西流的。1907年9月，当我从玉门县出发考察十二墩附近的长城，并进而到安西道上的三道沟去时，曾从这片洼地的东南段穿过。我当时觉得，这片伸展在北山的砾石缓坡和疏勒河之间的洼地，可能是个古湖盆。如今这里的水汽依然很多。水汽一部分是渗透过来的，一部分是从玉门县下游的疏勒河主河道上分出来的河道在季节性洪水时泛滥过来的。所以我很清楚，在这样的地面上，长城墙体保存下来的可能性微乎其微。但另一方面，我也很清楚该到东南方向的哪个地方去继续寻找墙体。

因此，当我不得不在这一点离开长城的可能路线并折向南方，同我们的行李队取得联系的时候，我心中并不觉得太遗憾。行李队沿着从 T.XLI.k 来的车马道走，结果错误地到了河边。之后，我们又到了河北岸，并沿着北岸走，来到了一个地点，这里的河道几乎折向正南方，即玉门县的方向。这里矗立着一座烽燧

T.XLI.n。烽燧用土夯筑而成，底部约12英尺见方。去往哈密或来自哈密的驼队一般在这里休息一下。人们是用那个叫蘑菇滩的村子的名称来称呼这座烽燧的——那个村子的田地就在河南岸不远。烽燧看起来似乎年代较晚，在烽燧附近捡到的小金属制品并没有提供年代上的线索。

此地以及下游几英里的河床都很窄，切入陡峭的土岸之中。在我们测河水流量的那一点上，河床只有约20英尺宽，3~4英尺深。测得的流量只有180立方英尺/秒。这个流量只是现在疏勒河河水的很小一部分，其余的水都从灌溉三道沟和其西边绿洲的那些支流流走了，或是被玉门县的几条水渠引走了。

在离T.XLI.n约0.5英里的地方，我们离开了去十二墩的路（1907年我们已经考察了那里），折向东北，期望到达一座醒目的烽燧。在在上一次考察中，我已经看见了这座烽燧，它位于长城线上。1907年时，我们在此地东边的一点发现平地像沼泽一般泥泞，而这里的平地看起来像一片刚刚干涸没多久的沼泽。在地面稍微高些的地方，土洼地的底部干涸得更早，风蚀作用已经开始在没有植被保护的地方发挥作用了。而其他地方，在芦苇丛和灌木之间，流沙堆成了小沙丘。

我们来到了烽燧T.XLI.o（图5）。那里干涸的湖盆已经让位于砾石萨依，而北面已矗立着低矮石山的最外围山岭。这座烽燧用土夯筑成，底部有32英尺见方，旁边还连着一座方形院落（图2），烽燧和院落似乎都不太古老。但在烽燧以南约50码的地方，

图5　十二墩西北外长城的 T.XLI.o 烽燧，年代较晚

我们仔细查看后，发现了长城墙体，这段墙体沿着一座碎石小山延伸了约1弗隆远。它形如一条低矮笔直的砾石丘，丘两边露出红柳枝层，由此可以判断它就是长城墙体。它向西北指向 T.XLI.1，但我们并没有看见中间有什么烽燧。而且，那段穿过古湖盆边上的植被带的墙体现在必定已踪迹全无了。正对着 T.XLI.o，紧挨着

长城墙体南面，我们发现了大量汉代陶器碎片，说明石山顶上曾有一座烽燧。

但奇怪的是，长城外的那个院落附近没有发现一块这样的陶器碎片，却有大量上了釉的瓷器等物。就在围墙外，我们发现了一块写有汉字的木板，从字体来看似乎年代较晚。有一条清晰的小路从这座小烽燧附近经过。它是从十二墩延伸过来的。后来在十二墩我们注意到，它继续向欧布罗柴夫和格卢姆·格里什迈罗先生追踪到的那条道延伸过去，大概在某一口井附近同那条道会合在一起——在哈森斯坦因博士绘制的地图中，那口井被标作乌伦泉（可能是梧桐井，乌伦泉太靠西北了——译者）。向东北望，在较高的地面上有一座烽燧 T.XLI.p，目的是戍卫从十二墩方向来、前往耕种区的路。从望远镜里看，那座烽燧看起来年代较晚。

从 T.XLI.o 起，我们顺着长城线，沿山脚下走。这些小山是小山脉的最后几条分支，上面布满碎石。墙体在三处出现过，每一段的墙体长度约为 0.25 英里。墙体中的红柳枝暴露在外，墙身仍有 5~6 英尺高。走了约 3 英里后，我们来到了一座烽燧遗址 T.XLI.r。我们在这里的地面上捡到了一枚大五铢钱。离烽燧很近的地方有一座小瞭望塔的残墙。瞭望塔入口处的厚墙上有一个插大门闩用的孔洞。到这座烽燧来的途中，我们还经过了一座小丘 T.XLI.q，可以看出已坍毁的垂直放置的土坯。那里原来是古长城上的一座烽燧，后来在其旧址上又筑了一座烽燧。

从这座小丘附近再往前，是一块向南延伸的结着盐壳的松软地面，这里有时会被水淹到。我们绕着这块地面又走了约1.5英里后，就来到了一条低矮石岭的西端。这条石岭俯瞰着小村十二墩，烽燧 T.XLII.a~d 就坐落在岭上。1907年9月我从玉门县出发，到这里匆匆地勘察了一下，便找到了长城线。我们立刻就会看到，这一带在地理学上是很有意思的。因此，我很乐意在十二墩那些绿树环绕的静谧农田北边的一条潺潺小溪旁休整一天。利用这一天时间，我可以更仔细地看一下那几座长城烽燧遗址，并考察长城附近的地面。

这些遗址分布在一组又矮又窄的山岭的最外面那一条之上——这组山岭是北山南段的最后分支，俯瞰着大拐弯处的疏勒河河道。这些没有任何植被的颜色较暗的山岭，是由很多带裂缝的岩石构成的。山石看起来像花岗岩，但大部分山石上都布满了厚厚的碎石。在最外面的这条山岭逐渐变低并最终与西面那结着盐壳的平地相连的地方，我于1907年准确无误地找到了长城线的痕迹，因为那里的山坡上零星地有一些已半石化的小红柳树枝和胡杨树枝。从那一点开始，长城线逐渐变得明晰起来，碎石层中间嵌着小树枝。我们沿着这段长城线走了约300码，就来到了烽燧 T.XLII.a（图3）。烽燧坐落在距城墙南边1弗隆远的一座小石丘顶上，比山脚高出约50英尺。和东边的烽燧 T.XLII.b、c、d 一样，在这座烽燧上，前面要戍卫的长城线和后面长着灌木的平地都尽收眼底。烽燧是由土夯筑成的，相邻两层土之间是一薄层芦苇。烽燧朽坏了不少，10英尺高的残烽燧上有一条风蚀而成的裂缝。

从这座烽燧起，沿着长城线再走0.75英里，又是一座小石丘，石丘上面有一条已完全坍毁的土丘，那就是烽燧 T.XLII.b 了。在那里，我们发现了大量汉代陶器碎片，说明这座烽燧在汉代是有人戍守的。土丘附近有一些垃圾，从中发现了一枚五铢钱，还有一块粗略修整过的胡杨木，大概是门上的过梁。在上面这两座烽燧之间的山岭顶上的一点，我们发现了两三堆浸着盐的芦苇。它们大概和敦煌长城最西段的烽燧上那些柴捆堆一样，也是用来点烽火的。

T.XLII.b 紧挨着长城线。从那里往前，有1英里长的长城线很清晰，延伸于山岭旁边一座小石高原上。再往东是一带长着灌木的沙土，长城线在那里便消失了。长城墙体两侧到处都露出来一层层灌木，或者只要挖掘一下就能找到灌木。墙体都不到5英尺高，顶部约有14英尺宽。在很多地方，沿墙体的中心线有一个约6英尺宽的奇怪的凹陷处，和我在安西以西的长城线上某一点观察到的情况类似。我们在墙体的一点上挖了一下，发现墙体外侧的灌木层比里侧厚。看来墙体中心的凹陷大概是沉陷的结果。

前面说的这段墙体虽然不长，却有两座烽燧（T.XLII.c、T.XLII.d）戍卫着。山岭上这两座烽燧挨得很近，这一点值得注意。这可能是因为，这段长城线靠近居住区，所以需要加倍的防卫。但更可能是因为，无论从 T.XLII.d 还是它底下的那座小堡垒，都看不到 T.XLII.b 烽燧。T.XLII.c 用土夯筑而成，也是隔几层土出现一层使烽燧加固的芦苇。它底部原有20英尺见方，但后人用土和坯修整过，加大了烽燧基。西边后加的土坯掉落了，原来的烽燧显露了出来。烽燧现在的高度是14英尺。

烽燧 T.XLII.d 似乎曾反复修过（图6），西南角添筑了不少土坯，烽燧上别的地方后来也加了一层土坯。如今，烽燧底部有33英尺见方，仍可以辨认出一座由土夯筑成的烽燧内核。烽燧高13

图6　十二墩附近长城上的戍堡和 T.XLII.d 烽燧

英尺。烽燧东边的岭上分布着五个小炮台，刚建好没多久。它们上面的土坯都是垂直放置的，与后来修烽燧用的土坯一样大小。在一块比 T.XLII.d 低约30英尺的石台地上，有一座长方形的院落（图2、6）。它的大小以及用土夯筑而成的厚墙，都使我想起古代玉门关遗址的那座小堡垒 T.XIV。院落内东西长58英尺，南北宽46英尺。院墙顶上的护墙用土坯筑成，可能年代较晚。西墙坍毁了一大截，南墙上的大门之所以变宽了，是因为有一部分墙体坍毁了。

在院落里我们没有发现任何遗物。但这个院落离长城线很近，并且位于耕种区外边，再加上墙的厚度以及墙体目前的状况，都说明它很古老。从十二墩村来，到 T.XLI.o 去，并进而与欧布罗柴夫发现的另一条去哈密的路相连的小道，就是从这座小堡垒底下经过的。经过桥湾城到哈密去的路也从这底下过去。在这两条路进入北山的沙漠地区之前，十二墩村历来就是它们经过的最后一个耕种区。考虑到这一点，我认为自从修了长城，这座小堡垒的位置很可能就是一处关隘。上述的两条道实际穿越长城线的地方，离这处关隘还有一段距离。而敦煌以西古代玉门关的位置与此是完全一样的。

我们在此提出的关于此地从前面目的假设，在当地找到了两个证据：其一，我在别处曾经说过，当地人把这里也叫作小方盘，与古代玉门关遗址的当地名称完全一样，这是很值得注意的。其二，我曾反复指出过，凡是道路穿越长城线的地方，当地都保留着拜神传统。而就在小堡垒和小溪之间（这条小溪将堡垒和十二墩村的田地分隔开来），在上述那两条道会合在一起的地方有一座小庙，与在古代关隘常看到的那种小庙一样。

经过十二墩往东到花海子（或称营盘）去，并进而到肃州去的路，至今仍在使用。从这个事实中我们大概能够解释，为什么十二墩这里的烽燧以及它东边一直到 T.XLII.j 的烽燧后来都修过。在紧急情况发生时，为了戍卫两个偏远居民区之间的道路，自然会用到这些烽燧。而十二墩和坐落在它东边约5英里远的小村"十墩"的村名本身，大概也能说明这些烽燧直到近期还在被使用。[1]

在继续考察长城线之前，我要记录下一些水文现象。我先是在十二墩附近观察到了这些现象，后来在东边的其他地方，这些现象又得到了证实。它们同疏勒河水系有很大关系，很有地理学

1　"十二墩"的意思是"第十二座瞭望塔"（瞭望塔指烽燧——译者），十墩意思是"第十座瞭望塔"。1907年，那里的人们是这样告诉我的："十二墩"离花海子有"十二座塔那么远"，即120里远；"十墩"则离花海子有"十座塔那么远"，即100里远。据说，甘肃和新疆的现代中国大路上，一座塔或通常是一座坍毁的废塔标志着10里的距离。

但是，如果沿正常的道走，花海子和十二墩之间的实际距离是40英里。考虑到在甘肃和新疆，2英里约等于10里，因此，十二墩与花海子之间的实际距离反而与人们说的十墩和花海子之间的距离差不多了。

所以，我认为，"十二墩"和"十墩"这些名称，更有可能是来自大路附近能看得见的任何古代和后来的瞭望塔的次序。从 T.XLII.d 算起，我们在沿着大路到126号营地的途中遇到了7座瞭望塔。从126号营地到营盘的路上很可能还会有3座，但我们走的不是那段路。

价值。1907年9月21日，我从玉门县出发考察这里时，就已经观察到：十二墩北边这条小溪是向东流的，它后来在流向十墩的过程中扩大成了一片沼泽。当地人把这条小溪称作西湾河。显然，这条小溪以及灌溉着十二墩和方八营子（疑拼写有误，可能是黄花营子——译者）（十二墩东边的一个小村庄）的水渠，都来源于疏勒河。

但那次由于匆忙，我未能证实它们究竟如何与疏勒河联系。这条向东流的小溪，其流向与大拐弯处的疏勒河的流向恰恰相反。它后来究竟怎样了呢？这成了一个悬而未决的问题。而伏特勒教授的文章和地图中都称，经过十二墩和十墩的小溪是向西流的。还有，中国的"武昌地图"（武昌出的地图——译者）在疏勒河大拐弯的东边和北边都画着辽阔的湖床或沼泽，而由于这幅地图的权威性，最近欧洲出的地图中便也这样画了。这些情况使我观察到的现象更值得注意了。

拉尔·辛格在十二墩以南勘察了一下。他证实，十二墩和黄花营子的灌溉用水都是用水渠从疏勒河引过来的。这些水渠穿过了玉门县绿洲的最北段，水渠末端与西湾河连在了一起。小溪本身则是由泉水供给的。泉水积储在西南的一条河床中，那是以前疏勒河的一条泛滥河道。在 T.XLII.a 以南，这条河床与来自西边的一片沼泽连在了一起。1907年我们曾沿着那条沼泽的沟走了2英里，一直到了沼泽折向南边疏勒河那个方向的一点上。当时这块地面结着盐壳，但长着大量的芦苇，看起来就像是一个沼泽盆地。从疏勒河上游北岸岔出来的河道中泛滥的水曾淹过那里，而沼泽干涸不过是不久前的事。这一方面可以解释为什么公元17世纪的中国地图在这个地区画了一片沼泽或湖。另一方面，这也可以说明，为什么从十二墩开始，长城线不是直接到疏勒河的北岸去，而是向西北沿着萨依缓坡的脚下向 T.XLI.o 延伸。

西湾河向东流这个事实的地理学意义在于，它把部分疏勒河水带到了从水文上来说与疏勒河下游河谷截然分开的地面上来了。因此，在这里我们看到了一个十分引人注意的现象：在离真正尾闾几百英里远的上游，疏勒河分出了一个岔。过了十二墩之后，西湾河继续向东，形如一条清澈曲折的小溪，流淌在一片洼地底部（那里长满了草和灌木）。这片洼地将北山的砾石缓坡同一片光秃秃的准平原分隔开来，在这里准平原形成了南山的最外围。我们于4月24日紧挨着十墩上游测量了西湾河的水量。西湾河给十墩这个小村子的田地提供了灌溉水源之后，流量仍有50立方英尺/秒。过了十墩后，从南边的准平原脚下伸出一条低矮的石岭，使长着草的洼地变窄了。但过了5英里后，洼地又变宽了，成了一个植被茂密的宽阔盆地。从我们1907年的考察来看，疏勒河有一条很大但通常是干涸的泛滥河床，那里的水大概到得了这个盆地。而灌溉着玉门县绿洲最东北端的水渠的水也会流到这里来。在这一点上，向南可以望见远处有几块荒弃的农田，说明直到当地发生叛乱之前，那里是耕种区。湖盆南边是一些孤立的石岭，它们是从那块光秃秃的准平原伸出来的。显然，除了从南边光秃秃的山坡上偶尔流下来的水，湖盆中的水都来自疏勒河。湖盆的地势是西南高，东北低，坡度不大但很清楚。

我们前面说的那条潺潺的小溪就是往这个盆地的方向流过来的。当我们从烽燧 T.XLII.j 离开长城线，想要到往营盘的大路上去时，遇到了这条小溪。在我们过溪的地方，溪水流量为60立方英尺/秒。之后，溪水扩大成了一片沼泽。此后我们的考察是在126号营地北边和东北的长城线上进行的，那块地面是座砾石高原，从东边俯瞰着前面所说的那个盆地。后来我们发现，溪水流进了高原和花海子耕种区北面的一片宽阔洼地之中，但当时我们没有时间去考察一下那片洼地。4月26日，我派拉尔·辛格从花海子到北面这片洼地中去，他遇到了一条源自西—北西方向的一条小溪的终端窄河床，其中一条河床中还有一汪缓缓而流的水。第二天我亲自证实了这个现象：当我从长城上的烽燧 T.XLIII.1 向东—北东方向走了约3英里时，在红柳沙堆和小沙丘之间发现了那条小溪形成的几个浅潟湖。

考虑到地貌状况，这些潟湖表明，某条小溪终结在花海子冲积扇和北山砾石缓坡之间的这个宽阔的内流洼地中。显然，这就是西湾河和其附近的沼泽的水的去向。我从十二墩的村民那里听说，他们的小溪流到了营盘附近，可见他们的话是真的。有一点是可以肯定的：位于赤金河下游冲积扇上的营盘绿洲（或称花海子绿洲），比十二墩和其西边的疏勒河拐弯处至少要低600英尺。

因此我们就容易理解下面这个事实了：在玉门县绿洲和北山

山脚之间，凡是到了北岸的所有疏勒河水，不论其是通过水渠、季节性的泛滥河道还是地下水到北岸的，都流进了花海子北面这片洼地。从疏勒河分出来的水量现在并不大，而且从前也不会太大。但从地理学上讲，疏勒河的这种分汊现象很值得注意，因为东边的这个2号尾闾，与远在敦煌长城以西的1号尾闾之间隔了260多英里远。

在一定程度上，这种分汊现象也可以解释为什么在中国"武昌地图"中，疏勒河拐弯处的东边画了一系列湖盆或沼泽，沼泽之间有窄河道相连。因为，十二墩东西两侧的沼泽带，T.XLII.i、j和126号营地之间的盆地以及营盘以北的大洼地，以前一度存积的水肯定要比现在多得多。但自从汉代以后，这里在交通上就算不上是障碍了，因为古长城线就是在这块地面上延伸的，而且其遗址一直留存至今。

第三节　花海子及其长城遗址

我已经说过了4月24日在十二墩以东看到的地貌，现在我说一下在那一天的行程中所看到的长城遗迹。在T.XLII.d以东不到1英里的地方，长城线便消失在长着茂密芦苇和灌木的低地上。我们于是朝烽燧T.XLII.e前进，那座烽燧我们在十二墩就已看到了。我们一踏上低岭脚下布满碎石的砾石萨依，就又遇到了笔直的长城线，墙体两侧露出芦苇捆。T.XLII.e距离十二墩约有2英里远，那附近的墙体仍高达6英尺。从那里向东12英里长的距离内，除了长着植被的几小块地方，砾石萨依脚下的墙体都是清晰可见的。这一段墙体中都是芦苇和土交替出现，和敦煌长城上的筑造方式一样。从使用芦苇捆这一点大概可以得出这样的结论：长城线以南属于西湾河流域的那片洼地，在汉代时就已经和现在一样像一片沼泽了。

出现在这段城墙上的烽燧T.XLII.e~j，其建筑样式很相似，并且一直到后来都有人驻守并修复过。它们之所以后来被修复过，是因为到花海子和肃州去的路在这里与长城线是平行的，就在长城线南边不到1英里远的地方。显然，人们可以很方便地利用这些烽燧来保卫这条道和南边零星的居民点。这些烽燧似乎一度曾被按照同样的模式扩展成了小哨卡。

这些烽燧用土夯筑成，如今其底部有22~28英尺见方。加上烽燧顶部明显是后来用土坯筑成的胸墙，它们的高度在18~25英尺之间。烽燧现在都坐落在由围墙围成的院落的西北角或东北角（图7）。围墙也是用土夯筑成的，但不太结实，看起来是后添筑的。围墙内院落的面积为60~62英尺。围墙有3.25~4英尺厚，在风蚀作用下，西墙已破损。这说明这里盛行的风是从疏勒河河谷吹向花海子洼地的。

任何一个院落内都没有什么垃圾堆。但在汉代的陶器碎片旁边会出现瓷器碎片，足以说明这些烽燧一直到后来仍有人驻守。

图7　十二墩以东长城上的 T.XLII.f 烽燧

一只用绳编成鞋底的精美的鞋，是不是很古老我们不得而知。但另一方面，我在 T.XLII.i 东南约30码处一块略微突起的碎石地面上发现了两堆半石化的芦苇捆，它们应该是整个汉初长城都有人驻守的那一时期的遗物。它们高4~5英尺，与敦煌以西烽燧附近的芦苇垛一样，是点烽火用的燃料。还有一点值得一提。在这座烽燧和它东边的下一座烽燧 T.XLII.j 附近，我们发现了一条古代水渠不长的几段，水渠显系和西湾河连在了一起。

过了 T.XLII.j 之后，东边约 1 英里长的长城墙体都可以分辨出来。之后，长城墙体便消失在东边洼地里的红柳沙堆之中。在这里我们不得不离开长城线，到那处水井去。在去营盘的车马道上，人们一般把那里作为休整的地方。我们从 T.XLII.j 向东南走。走了约 1 英里后，经过一处小塔提，上面布满了汉代陶器碎片。这大概是长城有人驻守时的一个早期居民点的位置。我们接着又在洼地中穿行了 5 英里，来到了一座很醒目的石山光秃秃的山坡上。我前面说过，把疏勒河和赤金河河谷隔开的大准平原，其北部边缘就是一座座这样的石山。

在这座石山西北边有一座小丘，比我们的 126 号营地所在的那眼咸水井高约 200 英尺。我们发现，小丘顶上有一座巨大的圆锥形烽燧的废墟。这座烽燧离长城线很远，看起来十分古老。它是用一层层土筑成的，土层之间用粗大的胡杨树树枝加固。烽燧底部约有 33 英尺见方，高约 12 英尺。烽燧顶上有一块瞭望用的小平台。在这座烽燧上向北边和西北边可以望得很远。而我们前一天在离石山较远的砾石高原上所考察的那几座烽燧，由于隆起的地面遮挡，向北边和西北边看不了多远。所以，小丘顶上的这座烽燧很有可能是古代建的，这样能让戍卫者们更有效地监视边界线。

4 月 25 日早晨，我派人把行李沿车马道押运到营盘去。我本人则和拉尔·辛格以及为数不多的几个人一起，骑马向北出发，寻找长城线。这一天的工作极有成果。当天我们发现了这么多的遗址，以至于后来两天我们都在清理、研究这些遗址。我们把花海子绿洲当作据点，从那里找到了汉族民工，在他们的帮助下，清理工作才得以进行。我们绕过了石山的西山脚，又向北走了约2.5英里，就找到了长城线。这段笔直的长城线是西—北西到东—南东走向，延伸在一座辽阔的高原上。由于地面要么是光秃秃的泥土，要么是砾石，所以这段长城保存得比我们自离开安西后发现的所有长城线都好。

诚然，有几个地方，风蚀作用已把长城墙体变成了一条低矮的堤坝。但有很多段墙体几乎完好无损，高6~7英尺，可以清晰地看到土层和柴捆层交替出现的建筑方法，柴捆层和土层各有8~10英寸厚。这段墙体上用的柴捆主要是红柳树枝。北边的洼地中至今仍生长着茂密的红柳，因此弄到红柳枝肯定是很容易的。土层十分坚硬，而为使土层变得紧实而加的水，必定是从很远的地方运来的。在保存完好的地段，墙体顶部约有5英尺宽。这使我们觉得，这段墙原来的厚度大概和敦煌长城常见的厚度一致，即墙基为8英尺厚。

这里的墙体保存得很好，大概表明此地的气候条件比我们在疏勒河北岸遇到的其他地方更容易将文物保存下来。这使我希望在那里能发现戍守长城的人遗留下来的东西。我的希望并没有落空。我们考察的第一座烽燧 T.XLIII.a 已坍毁成一座小丘，但它周围有大量古代陶器碎片。在它南边约40码的地方，我们在一薄层砾石下面发现了一个垃圾堆，从中出土了3枚写有汉文草书的木简以及几枚空白简残片。在那里还发现了一些木制品、毛织品等零碎东西。其中包括：一个木制印封匣，属于敦煌长城上常见的那种类型；一块织得很紧密的地毯碎片；在小丘附近的地面上，我们还捡到了一枚五铢钱。有两枚汉文木简中提到了被发配到前方来充军的罪犯。有一枚木简还提到了"桢中燧"。

沿着长城线向东南走了0.5英里，我们遇到一个遗址，无疑那是个烧制陶器的窑，被火烧红的地面上铺满了炉渣和陶器碎片。接着我们又走了0.5英里，来到烽燧 T.XLIII.b（图8）。这座坚固的烽燧仍有约11英尺高，用土坯筑成。烽燧底部原来为16英尺见方，后人又将烽燧底部加大到了29英尺见方。东边的土坯掉了下来，露出一条豁口，表明外层土坯是后加筑的。从豁口中仍能看到原来的烽燧是粉刷成白色的。外面加的土坯大小和里面一样，土坯层之间隔着芦苇层。烽燧顶上原来大概有一座小瞭望塔，但如今什么也没有了。

下面两座烽燧 T.XLIII.c、d 已完全坍毁成小丘，附近有古代陶器碎片。在第二座小丘那里，我勉强分辨出筑烽燧的土坯与T.XLIII.b 的土坯大小是一样的，这段长城上的其他烽燧用的土坯也都是这种尺寸。T.XLIII.d 有一个奇怪之处：在砾石平地上，我们隐约看出有一行共8座低矮的小丘向南边延伸过去，小丘之间距离30~50码。每座小丘上，在风吹过来的一薄层砾石之下都会发现一层层的灌木、炉渣或是被火烧红的土。它们有没有可能是一些古代临时营房的遗址呢?

再往前走1英里就是 T.XLIII.e 古代烽燧遗址。它是一座15英尺高、22英尺宽的土丘,由土层和灌木层构成。附近除了有大

图8　花海子以西长城上的 T.XLIII.b 烽燧

量汉代陶器碎片，我还发现了一根空心陶棍，它用坚硬的深灰色黏土制成，目前还不知道它的用途。从 T.XLIII.e 再往前走不到1英里就是 T.XLIII.f，长城线在那里稍微拐了个弯，折向正东方向。那里只有陶器碎片保留下来，表明那里曾有一座烽燧。从 T.XLIII.f 往前约1英里的距离内，可以很容易地在光秃秃的砾石地面上追踪到长城墙体。然后墙体进入一片风蚀地区，那里的地面上零星散布着一些低矮的红柳沙堆。这一地区的墙体只有不长的一段，形如一条风蚀土堤。这表明，墙体覆盖的土地比附近毫无遮挡的地面更好地经受了风蚀作用。

这之后墙体完全消失了。后来在离 T.XLIII.f 约3英里远的一行红柳沙堆北边，我们遇到了一座低矮的土丘，顶上是一座用土坯筑成的烽燧 T.XLIII.g 的遗址。残烽燧高5英尺。在它周围发现了灰烬和发红的土，说明曾有一座与烽燧相连的建筑被火烧掉了。后来人们把土丘的东侧面修成一个给牧人遮风挡雨的地方，那里的墙用红柳枝和灌木筑成，很粗糙，与烽燧其余部分很容易区别开来。在土丘的西坡和南坡上我们发现了垃圾层。翻检了垃圾后，我们找到了4枚汉文木简，还有各种小零碎东西。其中值得一提的有：一枚青铜箭头，与楼兰遗址和敦煌长城上常见的箭头属于同一种类型；另一枚箭头是带倒刺的，两侧凹陷；一块青铜镜残片；一枚五铢钱。

对于在东边那些排列紧密的红柳沙堆中找到长城线，我们本已不抱指望了。这时那个眼尖的蒙古人马鲁木在前面探过路后，带我们穿过沙堆，来到一座高约30英尺的小丘 T.XLIII.h。在小丘东坡上，我们发现了一道墙的墙基，延伸了约50英尺远。这堵墙是用灌木捆紧密牢固地筑成的。灌木层交叉放置，并由垂直穿过各层的大树枝固定住。由于这堵墙的出现，天然小丘就变成了某种瞭望塔。小丘直径约50英尺，小丘顶上似乎成了一块用来瞭望的平台。除了一枚王莽时期的破碎不全的钱币，在丘顶上我们没发现别的东西。但我们很快在东边墙脚下一层不厚的砾石底下发现了垃圾。我们只粗略地看了一下就找到了4枚写在木头上的汉文文书，其中一块写板保存得极好，正反两面都写着两行汉字。

当天时间已经不多了。我们无法再清理这个地点的垃圾，也只能将长城线（我们有幸很快又在开阔的砾石地面上发现了长城线）追踪到烽燧 T.XLIII.j，然后便不得不折向南边，以便在天黑之前到达花海子——已有人提将营地扎在那里了。我们在一带松软的黄土地上行走，并经过了双泉子这个偏远的小村。那里的田地用泉水灌溉。我们在花海子这片主要绿洲短暂停留了一段时间。但在记录我所观察到的花海子绿洲的特征之前，我们最好还是把花海子北边的长城线说完吧。

4月26日和27日这两天，我们的营地都是设在花海子耕种区内。一座带围墙的小城（或称堡子）是这片绿洲的中心，它的名称很引人注目，叫作营盘。在那里设立的小官府的资源十分有限，但他们仍设法给我提供了一小队民工。幸运的是这一地区有不少驴子，民工们骑上驴子跟着我们到长城线上去，帮我们彻底清理那些遗址。同时，拉尔·辛格可以向东北和南边的沙漠中进行勘察。

清理了 T.XLIII.h 的垃圾层后，我们又发现了 16 枚汉文木简，还有一些零碎东西，其中包括几件木器和粗糙的纺织品。有两件文书分别载有相当于公元前 39 年和公元 13 年的日期。有一件文书引用了一段关于兵役制的法律。还有一件文书提到了"受降"和"万年"这两个当地地名。此外，有一件文书提到了某座烽燧的长官，他是敦煌下属的"富昌"乡人。另外一件文书开列了各种纺织品和衣物的单子。

制作精巧的绳鞋、木钉（上面粗略地画了一张奇形怪状的脸）以及铁锄，我们在敦煌以西的汉长城烽燧上都发现过与它们完全一样的东西。这些东西为我们提供了年代上的线索。考虑到这一点，我们在这里发现的一张无字的碎纸片就更能给人以启示了。西边的那座烽燧 T.XLIII.g 和东边的下一座烽燧 T.XLIII.i 之间的距离只有约 1 英里。T.XLIII.h 插在这两座烽燧之间，离它们那么近。对此，我想最好这样来解释：这里大概不是一座普通烽燧，而是一个作战基地或"地方司令部"。在这里发现了数量较多的文书，这也与我的假设吻合。

T.XLIII.h、g 附近无法追踪到长城线。但再往东，红柳沙堆变少了。后来长城线又重新出现在砾石地面上的一丛稀疏的灌木之中。就在那一点旁边，我们来到一座土坯筑成的烽燧遗址 T.XLIII.i。这座烽燧朽坏得很厉害，坐落在长城墙体南面的一座天然小丘之上。有趣的是小丘旁边一个足有30英尺高的红柳沙堆已经完全高出了小丘，可见这个红柳沙堆必定是在烽燧建好之后"长"高的。小丘的坡上有一个垃圾堆，在那里发现了9枚汉文木简，其中有一块作信封用的长方形木板（上面写有收信人的名字），还有一个印封盒。在这里发现的零碎东西中，值得一提的有：一个木鞍架残件；一个楔形铁器具残件，其用途我们现在还不知道；少量燕麦。

从这往前，长城墙体保存得很好。向东延伸的墙体平均高达5~6英尺，有些地方甚至比这还要高出2英尺（图9）。在离上面说的最后一座烽燧约1英里远的地方，墙体南边有一座小丘，上面是一座土坯筑成的小建筑的废墟，这就是T.XLIII.j。有一间屋子只有东墙还可以分辨出来，屋子地面上盖满了垃圾。清理垃圾堆后，我们足足发现了24枚汉文木简。其中不仅有木简残件，还有一件完整的三角形木文书。从在敦煌长城上发现的大小和形状与此类似的文书看，这是进行文学创作用的。后来我们发现，这个三角形文书T.XLIII.j.014上写的是《急就章》第14段的开头部分。《急就章》是一篇著名的词典性质文章，在汉代晚期很受欢迎。我于第二次考察中，就在敦煌长城上的不同地点发现了几张《急就章》残片，可以证明它受欢迎的程度。

零碎的东西数量不多，其中包括一只鞋楦和一个篮子状物的残件。但更值得一提的是一枚雕得很精细的小木钉，木钉上端雕着一个人头，脸的细节很清楚，是刻上去的或是用黑颜料画上去

图9 花海子以北，T.XLIII.i 烽燧以东用灌木捆筑成的长城

的。这个小物件之所以引人注目，是因为安德鲁斯先生指出，钉上的人像对发型的处理，很像汉墓中的某些雕像，而且和沙畹先生在他关于中国古代雕像的巨著中收录的保护神的像很接近。如果安德鲁斯先生的对比研究是正确的，那么从这件小雕像中就可以解释为什么我在第二次和第三次考察中，在古长城烽燧上发现

了不少形如帐篷钉一样的木钉，上面画着奇形怪状的人脸。

T.XLIII.k 是东边的下一座烽燧，离这里只有0.5英里远。它看起来是用土夹杂着芦苇层夯筑成的，已经坍毁成了低矮的小丘。在烽燧南边10码远和烽燧西南再远些的地方，我们发现了两个垃圾堆，从中出土了大量古代文物。我们发现的汉文木简约有20枚，不少已经破损，但有的仍很完整。零碎东西中包括木漆碗的几块残片，还有几块铲刀状的木片，大概和中国人的筷子一样也是吃饭用的。

从这一点，长城墙体折向东—北东方向，大部分墙体仍保存得很好。我们沿着墙体穿过微微隆起的地面，来到了一座醒目的大烽燧 T.XLIII.l（图10）。烽燧高24英尺，十分坚固。但仔细查看之后我们发现，尽管烽燧的内核可能是汉代筑的，但一直到离现在不太久远的时候，烽燧一直在被反复扩大、修补。烽燧如今占据了院落的西北角，这个院落肯定也是后来修建的。原来的烽燧底部似乎有24英尺见方，烽燧用土夯筑成，并用大胡杨树枝作横梁和柱子来加固。在这外边加了一层用土和灌木层筑成的厚厚的护墙，使得烽燧基扩展到35英尺见方。这层向里倾斜的护墙到离地面14英尺高的地方便终止了，护墙顶上绕着原来的烽燧是一块3英尺宽的搁板。在原来的烽燧顶上，我们发现了一间小屋。小屋用土坯筑成，显然是后来修建的。

前面说的院落是由4英尺厚的墙围成的。南墙保存得最好，仍有10英尺高，而且在南墙底下还可以看出灌木捆和木头构成的

图10　花海子以北长城上的 T.XLIII.I 烽燧

墙基。西墙已经完全被风蚀掉了。联系到在长城营盘段观察到的
类似现象，我们可以知道，吹进这片洼地中最强的风是从疏勒河
河谷方向来的。我们之所以能分辨出西墙的位置，是因为院落内
靠着西墙堆起了一堆垃圾，主要是芦苇秸秆和牲畜粪便。在垃圾
中我们发现了瓷碗碎片和上过釉的器物残片，这说明垃圾的堆积

还是后来的事情。

绿洲上的人把这座烽燧叫作头墩。这座烽燧不仅到后期还有人戍守，而且还专门有个名称。这说明这段长城的其他地方虽然已经完全荒弃了，但在这附近大概仍有一条人们偶尔走过的小路穿过了长城线。结果不出我们所料。我们从营盘带来的四个人中有一个说，他知道有一条路向北通到某地去，他只是模模糊糊地说那个地方在"100里外的北山中"。但我们没有问出来当地人为什么到那个地方去。

我们查看了 T.XLIII.l 西北的长城以及靠近长城外边的地面，结果发现了两个奇怪的现象。在离烽燧约40码远的地方，我们发现了芦苇捆做的地基。似乎那里紧挨着长城墙体曾有四间小建筑。每个地基从北向南约有13英尺长，各地基之间间隔约有18英尺。这是不是在特别需要守望和戍卫的地方盖的营房呢？之所以说这里需要特别的戍卫，是因为有很多隆起的砾石岭，从北边一直延伸到离墙体约50码远的地方，这对长城的安全是个威胁，因为敌人很容易从那里偷袭。

这些岭的最西边，在前面说的墙体上的那一点西北50~60码远的地方，有两大垛红柳树枝（图3）。大垛的底部有13英尺见方，仍有7英尺多高。东边的另一条岭上，离长城上那一点也有这么远的地方，又有一个较小的芦苇垛，芦苇中还掺杂着马粪。当我看着这些垛的时候，我想如果晚上把这几垛树枝和芦苇点燃，前面会被照得很亮，在这一点被敌人偷袭的危险就大大减少了。当然，为什么会出现这几个垛，也可能会有别的解释，比如它们可能是点烽火用的。

过了 T.XLIII.1 之后，我们又沿着长城墙体向东走了 0.5 英里，然后墙体便完全消失在一片宽阔的洼地中了。洼地上是松软的风蚀土壤，分布着一些排列很紧密的红柳沙堆。我们一直走到离 T.XLIII.1 约 3 英里的地方，仍没有发现长城墙体的痕迹。拉尔·辛格还单独向东北方勘察了一下，一直到能望到北山脚下的砾石萨依的地方，也没找到任何墙体的迹象。凭着我先前获得的对这类情况极为错综复杂的地面的经验，我决定向东去再找一个据点，从那个据点再寻找长城墙体向前延伸的部分。考虑到水的问题（随着夏日的临近这个问题变得越来越重要了），再加上我们必须在去肃州和黑河的途中节省时间，这些都使我感到将去肃州路上的一口井作为下一个休息地是最合适的。但在描述以那口井为基地进行的考察之前，我还是先来说一下花海子盆地的地理位置以及这与汉长城的路线有什么关系。

我们姑且以这个盆地中唯一的绿洲的名称为它命名，称之为花海子盆地。这个盆地在地理学上的价值在于，它虽然小，却是个独立的典型内流区域的尾闾。这个内流区位于疏勒河和黑河尾闾之间。它的北部边界就是北山最南段的那条山脉。南部边界是东经 97° 和 98° 线之间的南山的外围山脉，那条山脉把疏勒河流域和北大河（或称肃州河）流域分隔开来。

西边和东边的界线就没有这么明显了。西边与疏勒河之间的分水岭是南山的一条外围山脉。这条山脉在赤金塞（此系音译——译者）西边延伸下来，进而与布满砾石的那块大准平原连在一起。上文在说到西湾河时，曾提到过这块准平原。东边与肃州河的分水岭主要也是两块马鞍状的准平原，其中一块在嘉峪关以西，另一块拉尔·辛格和我在从疙瘩泉子到肃州去的路上曾穿越过，但并没有仔细考察。

我们上面界定的这个内流区域有一个很特别的特点，那就是从嘉峪关附近，大致沿西北方向一直到赤金塞附近，有一条曲曲折折而且相对比较高的山脉，将内流区分成横向的两部分。从山志学上的大致情况来看，这条山脉是环绕在甘肃北部边界的阿拉善山系最西端的一支。但由于缺乏地质学上的证据，我这个想法只能是猜测而已。赤金河和白杨河切断了这条山脉，我们在1907年曾部分地考察了南山中白杨河的源头。东边的肃州河和甘州河在毛眉附近合流成黑河之前，也都穿过了一些较低的小山脉。我们有理由认为，赤金河和白杨河在山中切出的峡谷，从性质上来讲应该与肃州河、甘州河切出的峡谷类似。

前面说到，花海子内流区被横向分成了两部分。南边那一块大部分是广阔的高原，和从肃州到甘州的南山脚下的高原类似，但更干旱。那条从嘉峪关延伸到赤金塞的山脉（我还没有为它找到名称）完全是荒芜的。即便有溪流把水从南山外围带过来，这些溪流也很快便消失在山脉脚下。我在1907年7月和9月曾两次穿过这座高原。从我观察到的现象看，高原上的几片小绿洲的主要的（甚至可能是唯一的）灌溉水源，就是来自南山的地下水（地下水涌出来成了泉水）。

高原上汇集的这些泉水，在从肃州到玉门县的大路两旁又以小溪的形式出现了。但可以肯定的是，除了以地下水的形式，这些水都到不了山脉北边的洼地。只有在洪水泛滥水量很大时，赤金河和白杨河河床才有可能把地表径流带到山脉北脚。过了山脚后，白杨河河道便完全消失了，而赤金河中的水通常也只是来自花海子绿洲西南方的河床中的泉水。花海子北边的砾石萨依脚下也有些泉水。而花海子绿洲中那块南北长4英里、东西宽3英里的耕种区，就是靠这些水源灌溉的。和田以东昆仑山的砾石缓坡脚下也有一些小绿洲，那里的水文条件和这里很接近。

赤金河以前曾在比较大的一块地区沉积了肥沃的冲积物，现在的花海子耕种区只是这一地区的一小部分。有一个事实可以证明这一点。我们在向垦殖区南边和北边考察时，发现地面也都是冲积成的黄土，但由于没有植被保护，那些地方正在被风蚀成常见的雅丹。实际上，在我们朝东走时，在离现在的花海子绿洲边界2英里的距离内发现了古代水渠和废弃的耕种区。即便花海子的耕种区面积原来要大些，我仍觉得这片绿洲不足以把交通从南边那条道吸引到这里来。那条道是从横亘的山脉南边经过的，比穿过花海子距离更短，也更方便。而且，花海子绿洲自身也不足以说明要把它纳入汉长城保护地区内的理由。所以，当我们的考察的确证实汉长城就是由西向东横穿了这片洼地的时候，出现了一个难以解释的问题：为什么汉武帝手下保卫这些地区的人选择了这样一条长城路线，而不是把南边那条又方便又极易于守卫的崎岖山脉作为天然的屏障呢？

只是后来我们在北大河沿岸才发现，在伟大的汉武帝治下，中国已经牢牢控制了北边的大片地区，那时候我们才找到了这个问题的答案。但早在那之前就有两个考古学问题已经澄清了。其一，这片小绿洲之所以又名营盘，大概是因为它在汉代的边疆防御布局中的地位决定的。如果不在这里驻军就很难守卫这段长城，因为这里足足90英里的长城线都是从极度荒凉的沙漠穿过的。另一方面，当甘肃西北的防卫线收缩到肃州后（从明代起一直到清朝收复新疆，执行的肯定都是这样的收缩政策）在这片偏远孤立的小绿洲再驻军，意义就不大了。当然，"营盘"这个地名的来源还要查证中国历史文献才能知道，而我手头没有这些文献。

另一个问题是，从我们在营盘以北追踪到的长城线来看，那块地面无论是在汉代还是后来，都不可能有什么大湖，而中国"武昌地图"中却画了一个大湖。伏特勒教授已指出过，那张地图和实际地形是有出入的。长城线又提供了另一个证据说明它和汉代地形也是不符的。而人们在讨论所谓的"罗布泊问题"和其他类似问题时，大量引用了从这张公元17世纪的中国地图中得出的资料，所以我们上面说的这个有出入的地方就更值得注意了。

第四节　花海子以东的长城线

4月28日，我们从小泉子附近的营地出发，横穿过绿洲走了3英里后，便沿着到肃州去的车马道走。在离花海子绿洲约2英里的距离内，我们看到了古代水渠和耕种区的痕迹。过了这个区域后，在10英里长的距离内，我们穿过的是一片土质平原，平原上有不少分散的红柳沙堆。这里的植被之所以比较丰富，大概是因为白杨河的泛滥河床把地下水带到了这里，白杨河是从南边那条横亘的山脉中流出来的。过了这个区域，光秃秃的土越来越多，最后变成了铺满砾石（或很粗的沙粒）的地面。就在这里，我们走了17.5英里远后来到了疙瘩泉子。空盒气压表的读数表明，我们设在这里的营地海拔3 370英尺，比营盘堡子（3 670英尺）足足低了300英尺。再加上我们从这里向东北和北边进行勘察时遇到了浅河床，说明花海子盆地的最低部分就在我们这个方向。

4月29日，我和拉尔·辛格分别进行了勘测，寻找长城线。那天的天气在沙漠地区很不寻常。盆地上空低垂着云，向北遮住了北山的砾石缓坡，向南遮住了那条崎岖陡峭的山脉。实际上，我们早晨动身的时候，天空竟下起了零星小雨。我俩的考察都收获不小。拉尔·辛格向北走了8英里就遇到了长城线，而我自己在东边和东北边则发现了一组烽燧。这条烽燧线是朝着长城线延伸的，但离长城线还有一段距离。第二天，我们仍忙于考察和清理这些遗址。在描述它们的时候，我最好从上面说的那条烽燧线上最北边的那座烽燧说起。

这座烽燧就是T.XLIV.a。我们从129号营地走了近5英里，穿过零星点缀着红柳沙堆的土质地面就来到了那里。有不少来自西北边的河道的浅河床，河床岸上的泥土龟裂，说明近些年曾发过洪水。在T.XLIV.a北边4英里远的距离内，我们经过的地区布满了低矮沙丘，中间则是一带小雅丹。然后我们穿过一片红柳沙堆区，越往北红柳沙堆越高。在离T.XLIV.a约5英里远的时候，红柳沙堆已高达30~40英尺。就在那里，我们发现了绕着红柳沙堆脚下延伸的长城线。

从图11中看得出，这条长城线像一条半被流沙掩埋的低矮土丘，顶上却盖着厚厚的一层平放的红柳树枝，告诉我们这的确就是长城线。我们把流沙清理掉，发现墙体全是由紧密地堆叠在一起的红柳树枝筑成的，树枝之间有不少沙子，但没有土层。所用的红柳树枝很粗，说明在筑墙的时候这里已经有生长多年的红柳了。而这段长城线上没有用土夯，从中我们可以得出这样的结论：夯土所必需的水在这里很难取到。

东边的长城墙体延伸了约1弗隆远就消失在红柳沙堆中了。后来我派拉尔·辛格回到这里考察，他向东边走了约2英里远，一路都成功地追踪到了墙体。此后，墙体便完全被沙丘链掩埋了。向西的墙体延伸了约300码也消失在红柳沙堆之中了。我们又向

图11 花海子东北红柳沙丘中找到的长城遗迹

西走了0.5英里，到达一座常见的流沙达坂（即沙丘）的东北端。那里的沙丘有20~30英尺高，完全埋住了长城线。但我们又向西走了1英里，就出了这些高大沙丘区。在那里我们不费吹灰之力就找到了标志长城墙体的那条颜色深暗的线。那里是光秃秃的开阔地面，上面只有一点细沙子。

图 12　花海子东北用束柴捆筑成的长城

　　从最后一座高沙山上，我们可以看见墙体向西延伸了约 2 英里远，只稍微拐了一两个小弯。图 12 是我们又往西走了约 0.5 英里时拍摄的。那里的墙体高约有 10 英尺，顶部宽 6.5 英尺。这段墙全用结实的红柳树枝筑成，没有土层，但从其坚固性来说仍应该称为墙。有 1.5 英里长的墙体是连续的，到最后仍高达 10 英尺，顶部仍有7.5英尺宽。在这片荒凉的沙漠上，它尤其显得醒目，像纪念碑一样昭示着古人在面对极端恶劣的环境时是多么富于智慧而又坚韧不拔。过了这段之后，约有0.75英里长的长城墙体只是地面上微微鼓起来的矮丘，表面看不出任何木头。之后墙体便完全消失在红柳沙堆之中了，那些沙堆特别密，但还不是很高。

在这段长城线上，我们没有发现任何烽燧或早期驻军留下的其他遗迹。当然，也有可能标志着烽燧的坍毁的小土丘，或者小垃圾堆和陶器碎片堆，被沙子埋住了，因而没有被我们发现。但对这个没有任何早期驻军遗迹的现象，联系这里的地面状况以及墙体的筑造方式，我们还可以有另一种解释。墙体的筑造方法说明这里很难取到水。那些筑墙的人大概很快就明白，由于缺水，要在这里维持常规的那种烽燧几乎是不可能的。于是，他们就把墙体筑好，不设烽燧，而全靠从南边邻近水源的那些烽燧派兵巡逻，戍守这段长城。

不管实际情况如何，我们可以肯定的是，从这里一直到北大河尾的长城线（我们后来将长城线追踪到了北大河的尾闾，这段距离足足有45英里远）——所穿越的地区，自古就是没有水的光秃秃的流沙区或砾石萨依。长城不仅被大胆地修到了这里，还穿过了这片险要的区域，这充分表明，那些负责修长城的人，在面对险要的自然障碍时，是打算付出长期巨大努力的。看着这座象征着他们不朽功勋的醒目的纪念碑，我们却不能不想到，为了在这个荒凉的地方实现帝国的防卫计划，有多少人受了多少苦。[1]

从离开长城线的那一点，我们穿越一条沙丘链，向南走了近4英里，来到一条坍毁的土丘。连着土丘，有一座约94英尺见方的院落（见图13中的 T.XLIV.e），它的围墙是用灌木捆筑成的。有证据表明，这个院落曾被牧人们当作据点，我们在地面上发现的陶器碎片似乎年代也都比较晚。这些碎片是在离现在不太久远的时候，偶尔在此居住的牧人留下的。但只有仔细查看才能知道这些碎片下面是不是埋藏着某座与长城线相连的古代烽燧的遗迹。但我们既没有时间，也没有工具和人手对这里进行彻底清理。从那里再往南，地面可能偶有水泛滥过，牧草很丰茂。在离营地约2英里远的地方，我们发现了一口深井水，水井附近还有小泥屋，说明至今仍有牧人到这口井来取水。

现在让我们回到 T.XLIV.a，这是那条烽燧线最北边的一座烽燧。我们说过，那条烽燧线离长城线还有一段距离，却是朝着长城线延伸的。这座烽燧很大，保存得比较好，很远就引起了我们的注意。我们发现它矗立在一座砾石高原上，底部有32英尺见方，高14英尺。烽燧用土夯筑而成，每层土厚6~7英寸，土层之间夹杂着不厚的灌木层。烽燧东边似乎连着个小建筑。离烽燧脚下10英尺远的距离内都是这个建筑的残墙的碎片，碎片中还掺杂着

1　为守卫沙漠中的国界所作的牺牲，在普通中国人的心里留下了深刻而持久的印象，这在中国诗歌中有所反映。

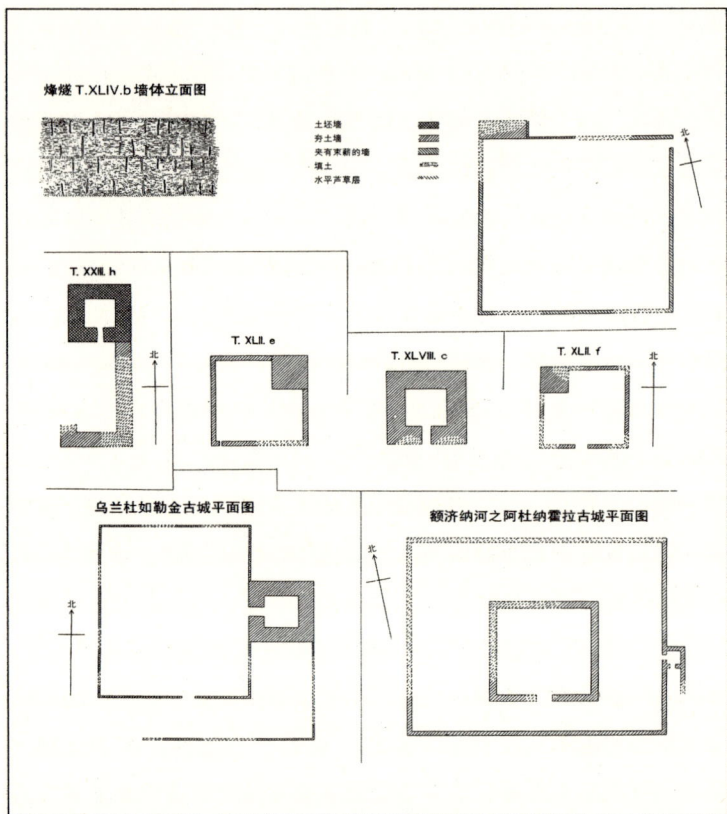

烽燧 T.XLIV.b 墙体立面图

土坯墙
夯土墙
夹有束棍的墙
墙土
水平芦草层

T. XXIII. h

T. XLII. e

T. XLVIII. c

T. XLII. f

乌兰杜如勒金古城平面图

额济纳河之阿杜纳霍拉古城平面图

图13　汉长城和额济纳河沿岸之烽燧、古城平面图

62

垃圾。清理了垃圾后，我们发现的东西有：7枚汉文木简；一根大红柳树枝做成的棍子的残件，棍子一端有汉字，另一端烧焦了；几件小木器；一个用马毛做成的滤器；粗糙的纺织品碎片等。离烽燧西南脚不远，我们还发现了一枚残破的五铢钱以及一枚长城线上常见的汉代青铜箭头。附近的大量陶器碎片也是汉朝常见的类型，为深灰色，有席纹或绳纹。无疑，在汉长城其他地段有人戍守的时候（即在汉代），这里也有驻军。

T.XLIV.a 东南面不到3英里远的地方，就是烽燧 T.XLIV.b（图14）。它保存得很好，高达21英尺。它的建筑方式与 T.XLIV.a 十分接近，但27英尺见方的底座四边是合于东西南北四个方向的。只有烽燧的西角裂了个小缝，烽燧底部则几乎没有受到风蚀作用的侵蚀。烽燧东北侧连着一层6英尺高的垃圾，垃圾下掩埋着一堵护墙。这堵墙是用红柳树枝筑成的，并用芦苇拧成的绳子将红柳枝固定（图13）。无疑，烽燧的四面原来都有这种护墙保护，所以烽燧才保存得这么好。

烽燧顶部有很多秸秆和垃圾。在那里，我们在垃圾堆上捡到了2块写有汉字的木板，字依旧完整。我们还发现了一只陶罐，它的颈上仍缠着一段细绳，罐底部还有一个孔洞，用两块紧紧地合在一起的小木板塞住了。从烽燧下面的垃圾堆里又出土了20多枚汉文木简，还有一块没有做完也没有写字的木板。这块木板一端有一个突起的印封坑，坑上有5条为纳细绳而刻出来的槽。这种样式在别处不多见，但在楼兰遗址东北的古堡 L.E 出土的汉文

图14 花海子以东的 T.XLIV.b 烽燧

写板也是这种式样。在这里发现的小木器中，值得一提的有几个四棱柱，可能是棋子。

我们从这里向东南再走1.5英里远，来到了一座朽坏很严重的烽燧。那里有一座用土筑成的烽燧 T.XLIV.c 的烽燧基，紧靠着烽燧北边还有一间屋子。屋子只有南墙保留下来，约有3英尺高，用土坯筑成。从附近的一个小垃圾堆中，我们发现了3枚汉文木简，一块木板（大概是一种"雌性"的取火棍），一枚常见的青铜箭头，一枚货泉钱币。在烽燧北边光秃秃的砾石地面上，我们还捡到了一枚箭头和一枚五铢钱。

4月29日傍晚，我看到东南方约3英里远的地方就是第四座烽燧T.XLIV.d。但第二天我必须到北边去寻找长城线，所以只好把考察它的任务交给奈克·夏姆苏丁。他发现那座烽燧用土坯筑成，保存得很好。烽燧顶上有一座瞭望塔，有几处屋墙仍有3英尺高。屋里的垃圾堆上覆盖着红柳树枝，这些树枝本来是在屋顶上的。从这个垃圾堆和烽燧底下的一些垃圾中，他发现了10枚写有汉文的木简。此外，在烽燧底下他还发现了两张写在纸上的汉文文书。零碎东西中值得一提的有：一枚青铜箭头，属于敦煌长城上常见的那种；几块编织得很细密的灰绸子。在烽燧南边约50码的地方，他捡到了一枚康熙朝的铜钱，显然是后来某个到这里来的人遗落的。在去往肃州的车马道上，能清晰地看到这座烽燧。5月1日，当我从这条道上经过的时候，要不是考虑到前面要走的路还很远，我真会亲自到那座烽燧去看一看的。

我们最后还要提一下一座小烽燧T.XLIV.f。它大致坐落在T.XLIV.c和疙瘩泉子之间的中点上，底部约有16英尺见方，高8英尺。筑烽燧的土坯尺寸与汉长城上常见的土坯尺寸不同，似乎表明这座烽燧是后来筑的。烽燧附近没有发现古代的那种陶器碎片。这座烽燧位于西边，远离了T.XLIV.a~d形成的那条几乎笔直的烽燧线，光是这一点就足以说明它和那条烽燧线没什么关联。

考虑到发现的文书和其他文物，我们可以肯定，T.XLIV.a~d 这几座烽燧在汉代是有人戍守的。（马伯乐先生研究了汉文木简上的纪年，那些纪年和上述这个结论也完全吻合。）这个年代上的事实却引发了这样一个考古学上的问题：这条南—南东到北—北西走向的烽燧线和它北边那条东西走向的长城线之间是什么关系呢？我们并没有将这条烽燧线向北边的长城线的方向追踪下去，或是向南边肃州绿洲的方向追踪下去，所以对上面这个问题，我认为我们还无法做出明确的回答。似乎可以有两种答案。如果从北大河南岸一直到花海子北部，那条沿着北山外围山脉脚下修筑的长城线确实曾有过驻军，那么，T.XLIV.a~d 这条烽燧线可能就是为了戍卫从肃州绿洲到长城线去的联络线和物资运输线的，因为肃州绿洲是戍卫这段长城的主要据点。还可以提出另一种假设。假设北大河和花海子之间的长城线筑好了之后，人们才意识到，由于远离水源和可居住的区域，要想戍守这段长城线几乎是不可能的。所以，人们大概就放弃了在花海子洼地最低地段（即疙瘩泉子附近）以东的长城线上驻军，而用那组虽无墙体相连却能彼此望得见的烽燧 T.XLIV.a~d 来守卫花海子和花海子以北的长城线，使之免受来自东边的进攻。但如果是这样，还有一个问题有待解决：如此一来便出现了空当，肃州绿洲和金烽燧那里的耕种区就暴露了出来，如何戍卫这些地区，使敌人不致从空当中进犯呢？（不管怎样，我们应该注意的是，从 T.XLIV.a~d 出土的3件有纪年的文书，都是东汉时期的。而花海子以西的 T.XLIII 长城段上出土的4件有纪年的文书都是西汉时期的。）

　　还有一个问题，我也只能留待将来的某位考察者解决了。那就是我们从疙瘩泉子追踪到的那段长城线的最东段，和北大河拐弯处的 T.XLI.a~h 那条烽燧线之间，究竟是怎样连接起来的呢？我本人已无法亲自再向东追踪长城线。我们现在只有两桶水了，要是我们这么多人在那片极度干旱的地面上走几天，水肯定是不够的。而且，我必须尽早到达肃州，以便为沿黑河进行的考察做准备，我急于在酷暑来临之前完成对黑河的考察。于是我只好让拉尔·辛格一个人轻装上阵，向东边继续追踪长城线。他后来和我在肃州会合了，他告诉我从第一次遇到长城线后他只走了不到2英里，长城线就完全消失在一条大沙丘链之中。绕过沙丘链后，他在开阔的砾石萨依上四处寻找长城墙体，结果却一无所获。他带的水已经不多了，这使他不得不折向东南，试图到肃州耕种区的最北端去。他走的这段路，经过的是无人考察过的区域，地面上布满砾石。这块地面将花海子盆地和北大河流域分隔开来。

　　5月1日，我自己则带着手下那些人沿车马道向肃州进发。在26英里的距离内，我们穿越的都是极度荒凉的光秃秃的砾石高原，还越过了一条小山脉。之后，我们就来到了偏远的肃州耕种区的最北端。伏特勒教授曾详细描述过我们当天经过的那块地面。我们先是绕着那座横亘的崎岖高山的北边和东北边走，那座山脉就位于嘉峪关峡谷南边。山脉向东延伸出来的小山脉一直伸展到甘州河。小山脉顶上有很多大烽燧。这些烽燧位于中世纪万里长城之外的前哨，万里长城是沿那条小山脉的南边延伸的。和我1907年在嘉峪关附近考察的位置与此类似的那些烽燧一样，它们看起来都是后来修的。

晚上我们将营地扎在一条小溪边。这条小溪是从黄草营上边那个峡谷流下来的（我1907年曾访问过黄草营）。第二天早晨，我们走了2英里后，在野麻湾村穿过了中世纪的万里长城。1907年我就在远处看见这里的万里长城几乎拐了个直角弯。现在我们发现，这里的万里长城是用土筑成的。和东边的很多地方一样，长城墙体也成了小土丘。考虑到万里长城是明朝才修的，墙体的朽坏程度说明没有柴捆或其他材料的加固，万里长城的质量就不及汉长城，很容易坍毁。万里长城是为古代中国的闭关政策服务的。既然古代中国的闭关政策一直执行到了公元17世纪下半叶，所以可以肯定在作为边界线的那几个世纪里，万里长城曾被反复修过。修复工作一定很容易进行，因为万里长城总是尽可能地贴近耕种区，而全然不顾如果修得更贴近前沿，无论在战略上还是战术上都更有利。

汉长城和中世纪的万里长城在墙体的坚固程度上明显不同，中间虽隔了1500多年，长城上烽燧的样式却没有多大变化。图15中的大烽燧就位于车马道穿过长城线的那一点的东边，过了那一点后，车马道才到了野麻湾关。这座大烽燧顶上仍保留着一座瞭望塔。尽管整座烽燧已十分朽坏，烽燧上却保留着方便人们到瞭

图15　肃州野麻湾外中世纪长城上的烽燧

望塔去的踏脚孔。从烽燧顶上仍垂下来一条绳子，当时戍卒就是顺着这条绳子爬到烽燧顶上去的，正如同汉长城上的戍卒也是沿着绳子爬到汉长城的烽燧顶上去一样。

野麻湾附近还有一座庙，并有几个昏昏欲睡的士兵驻守着。从这里出发，我们当天就轻松地走过耕耘平整的田畴和带围墙的堡子，来到了肃州。肃州河宽宽的河床仍旧几乎是干涸的，说明南山那些高山上的积雪还没有融化，我在1907年的考察中曾到过那些高山。由于这里地近南山，气候与前面那些地方很不同。我们没到城墙之前就被一场夹杂着雨和冰雹的暴风打了个正着。以后几天，雨下得更大了。1907年，我是把酒泉那座风景如画的庙宇的破亭子作为我的据点的，当我今年又来到这个又安静又通风的老大本营时，真是十分高兴。

第二章

从肃州到毛目段长城去

第一节　北大河沿岸的长城

在到黑河沿岸以及哈喇浩特遗址进行考察之前，我们得做很多安排和准备，所以必须在肃州停留一段时间。哈喇浩特遗址位于毛目（今甘肃省金塔县鼎新——译者）以远，是阿拉善王手下一个蒙古族小首领的领地。所以，在进入黑河地区之前，我们必须征得肃州道台的支持，实际上，肃州道台就是蒙古西南部那个地区的行政长官。幸运的是，在秋天我曾通过马继业先生提出过申请，我的申请得到了驻北京的大英王国大臣的大力支持。因此，中国外交部及时给肃州道台周务学先生发来了指示。我和这位聪敏好学而精力充沛的大人往来过几次后，他就给我写了封推荐信，这正是我所急需的。信是写给生活在黑河沿岸一个部族的首领，或称贝勒的，这支蒙古人是土尔扈特部的一支。

公使馆给我做了些安排，其中之一是让当地衙门付给我3 000两银子（是中国式的那种银条），条件是我通过喀什噶尔领事馆财政司从我的基金中把相应的钱款汇到北京。但当地局势造成的经济动荡对甘肃衙门的财政状况也产生了影响，由于造反头目（他被称作白狼）手下那群人的劫掠，这里的财政状况日趋紧张。虽然我要筹的款子数目并不大，但我听说弄来这些银子可是费了不少劲。等了几天，这些马蹄银（每锭银子都是称好的重量）才到了我手里。但在这段耽搁的时间里，我也得到了补偿。人们很快就听说了给我银子这个事，而且还是衙门给的。这使甘肃道台治下那些地区的官员，对我的工作都支持起来了。同试图给我设置障碍的乌鲁木齐地方当局相比，肃州官员们的这种态度尤其使我感到欣慰。

考虑到我们将沿着黑河走很远，之后还有可能再向东考察，所以在肃州停留的6天里，我们都忙个不休。我们必须为人畜准备好至少两个月的物资，因为从蒙古人那里是不会获得物资的。甚至毛目那片偏远的绿洲，前一年由于缺乏灌溉水，庄稼的收成也特别不好，在那里我们也是不能指望得到物资的。我将去的地区路途十分遥远，这迫使我不得不在仍能利用邮政设施的时候，写了很多信札。

1907年我们曾在南山考察，这几天的停留使我们有机会对南山进行补充考察。我想借此良机进行三角测量，以便更准确地测定河西走廊南山山脉那些高峻雪峰的相对位置和高度。天气晴朗的时候，从肃州就能望见那些雪峰，我以前没有机会对它们进行三角测量。不巧连日来不是阴雨，就是多风沙。但5月4日天空变得极为晴朗，我们都指望三角测量能成功进行。拉尔·辛格在肃州城南不远的开阔地上，确定了一条用天文学方式定下的基准线。但这时，天空又出现了乌云并下起了雨，我们最终仍是没能达到目的。

我在《西域考古图记》中已说过，前几次访问肃州时我观察到它有怎样的地理特征（就是这些特征决定了它的经济和商业地位）。在该书中我还指出，汉武帝设酒泉郡以来，肃州城和肃州地区在中国同中亚的关系史上，扮演了怎样的角色。所以，在这里我就略过肃州不提，而直接描述我们是怎样到达东北方那个遥远的目的地哈喇浩特的。除了要对哈喇浩特进行考古研究，我们此行还要完成一个地理学上的任务。

黑河的尾闾，汇集了肃州河、甘州河及其支流从南山中段带下来的所有河水。1907年我们成功地考察了这两条河发源的大山区的西半部分，以及那座在地理学上很重要的高原。那座高原位于河西走廊南山山脉脚下与蒙古南部沙漠边缘的小山脉之间。由于有肃州河和甘州河河水灌溉，并有肃州和甘州地区的大绿洲，它有史以来就是中国和中亚之间真正的交通枢纽。

我的目标是把上次对这个大内流区进行的考察向北扩展到黑河尾闾及向东南扩展到黑河远在山中的源头。显然，第一个任务必须在黑河沿岸及其两侧沙漠还不是太热，我们又能进行有效工作的时候完成。而紧接而来的夏季几个月，我们可以在南山山谷中进行考察，还要给骆驼"放假"，让它们尽情地吃草。要想让这些强悍的骆驼还能胜任今年秋天和冬天的工作，这样的"假期"是必不可少的。

我们的近期目标是毛目绿洲，肃州河和甘州河就是在那里汇合的。5月10日我们分成两路出发了。拉尔·辛格沿大路走，一直到甘州河与大路相交的那一点。然后，他将沿着甘州河河道到毛目去。为了寻找汉长城的东段，我只能沿着北大河走，并穿过偏远的金塔绿洲。

1907年我第一次踏访金塔后，回来时走的是北大河右岸连接金塔绿洲和肃州的大路。所以我现在选了另一条路，它穿过了北大河以北的肃州耕种区。在这条路上，我们又经过了已坍毁的中世纪万里长城，然后在长城外的农田边上扎了营。第二天我们穿过了那条低矮的山脉，它位于俯瞰着花海子的那条山脉的东端，并朝甘州方向延伸而去。我们发现这里和野麻湾那里一样，小山脉顶上也有突出在万里长城之外的烽燧戍卫着，烽燧看起来并不太古老。我们沿小山脉的北边脚下走，经过的地区全是约30英尺高的流沙丘。之后，我们才到了北大河边，那里的河床离金塔绿洲最南端约2英里。河床宽有0.25英里，比河岸低6英尺。河中一滴水也没有，从这里分岔出来的6条水渠也是干涸的。又往前走了1英里，我们在灌木覆盖的地面上又遇到了三条水渠，它们的水流量加起来也只有约60立方英尺／秒。这说明6月中旬南山中段的积雪融化之前，即北大河的夏季洪涝到来之前，肃州河下游能用来灌溉的水是极少的。

5月12日我们向可爱的金塔小城北边走，小城四周环绕着农田和浓荫匝地的果园。沿途的地貌我在1907年9月的一次勘察中已熟悉了。先是富饶的耕种区，接着是草地，耕种区和草地上都有成行的榆树。但走了约7英里后，榆树就消失了。过了这之后，农田变成一块一块的，大小不一，农田之间是长着灌木的荒凉沙地。这些沙地以前可能曾经被开垦过。我发现，1907年以来，那些分散的小村庄中勤劳的居民把不少沙地改造成了农田，有几个地方甚至能看到这种变沙为田的过程。但可以肯定的是，要想彻底消除叛乱给当地带来的影响，还需要很长时间。傍晚时分，我们走近了头墩那座大烽燧。那里的地面状况是很奇特的，碧绿的农田夹杂着红柳沙堆、低矮灌木及长着芦苇的沙丘。这种景象使我清晰地回忆起在策勒和克里雅之间的达玛沟绿洲北边及东北边看到的情景，那里不同时期废弃的田地又被重新开垦了。在那些地方，有时开垦有时任其荒芜的现象，主要和影响地下水水量的自然条件联系在一起，因为地下水是那里的灌溉水源。而在这里，我所目睹的变化，无疑主要是当地发生叛乱后经济复苏的结果。

那天途中，我们脾气暴躁的蒙古族翻译老马鲁木得到了一条虽然不太明确却令人十分振奋的消息。马鲁木在路上遇到的一位年迈的汉族村民告诉他，他有一次向头墩东北走了约30里，在北大河河谷边的小山脚下，遇到了一道用灌木筑成的旧墙。这条消息虽然可能会和汉长城有关，但听起来很不明确，后来我们在头墩询问的时候，人们根本不知道什么旧墙。为了避免在不确定的查找上浪费时间，我让测量员穆罕默德·亚库卜押运行李沿车马道到毛目去。而我和剩下的骑马的人，则朝着河边宽阔平原边上的小山脚下进发。离营地约1.5英里的地方，我们穿越了一条干涸河床，然后绕过了一个在红柳沙堆之间正有新土地被开垦出来的地区。有迹象表明，这里的荒野正在被重新利用，其中有些地方在叛乱发生之前曾被开垦过。

我们又往前走了2英里，穿过又一条河床，之后越过一条有肖尔和稀疏灌木覆盖的土质地面，来到了北山最外围一条山脉的脚下。在布满碎石的缓坡上，矗立着很多支离破碎的石山，石山的走向是东—南东到西—北西方向。在做平面定向的时候，我们望见北边远处一座小山上有座烽燧，但我却没有找到长城墙体的迹象。但我们只往东走了约100码，就看到有两条很奇怪的笔直的线，看起来就像是地面上支出来的支离破碎的石头似的，那是几乎已完全坍毁的长城墙体。我们沿着墙体往前走，标志着墙体的小丘逐渐升到了9英尺那么高，也渐渐能看得清墙体的构造了。小丘用粗砾石筑成，小丘两侧堆叠起粗糙的石板作为墙面。墙顶部宽为8英尺。

无疑，我们现在又回到长城线上来了。令我非常遗憾的是，由于当天必须朝毛目方向走，我们无法向西边追踪这条长城线。

但9月当我们回到毛目时，在穿越北山的头几天的行程中，我们得以再一次来到了这块地面。证实从我们第一次遇到长城线的那一点起，长城线朝西—南西方向又延伸了14英里。沿这个方向下去，它恰好就会到达位于疙瘩泉子北边的沙丘和红柳沙堆之间的那段长城。

我们沿着长城线向东走了约1英里，来到烽燧遗址 T.XLVI.a。烽燧坐落在长城线以南约30码远的一座小石丘上，用土夯筑而成，每两层夯土之间夹一层灌木。烽燧基有16英尺见方，残烽燧高仍约有9英尺。烽燧顶上的夯土已被火烧红了。在烽燧周围，我们捡到了很多汉代的那种带席纹的陶器碎片。在烽燧底下的小垃圾堆中，我还找到了2枚朽坏得很厉害的木简残片，上面的字已无法识读了。我们又顺着清晰的墙体走了约1英里，来到了小丘T.XLVI.b。小丘上面有两堆石头，那里没有发现建筑遗存。但在离小丘顶部约20英尺的东坡，我们发现了一个垃圾堆，其中出土了2枚汉文木简，还有几枚空白木简。（带字的木简中有一枚的内容是关于算术方面的。）

我们又沿着标志长城墙体的小丘往前走了1.5英里，来到了一座高约60英尺的小石山，这就是 T.XLVI.c。山顶是平的，宽约55英尺，上面有粗略筑成的石墙的废墟。墙用灰色花岗岩石块筑成，石块肯定是从别的地方运来的。石山东坡上有一个大垃圾堆，在那里出土了2枚残破不全的汉文木简，一枚汉代的那种青铜箭头，还有几件零碎小东西。从这里再往前走约1英里，就来到了一座小山。小山上原来有一座烽燧 T.XLVI.d，但如今只有一堆土坯保留了下来，土坯层之间夹杂着芦苇层。

过了烽燧 T.XLVI.d，长城线离开了这个布满碎石的区域，进入了一块开阔的砾石萨依。萨依上的墙体稍微改向了东南方向。我们在墙体中打了个洞，发现这里的墙体是用灌木层筑成的。但由于水汽的作用，灌木层已完全腐烂成了发红的土壤。再往前的墙体又是朝东延伸的了，有趣的是墙体的矮丘顶上是两条白色的肖尔。这清楚地表明，原来墙体的宽度也是 8 英尺左右，和敦煌长城及其他那几段完全坍毁的城墙宽度是一样的。

我们又往前走了 3.5 英里，来到了一座烽燧遗址 T.XLVI.f，只有汉代的陶器碎片标志着那里曾有座烽燧。再往前 1 英里远就是 T.XLVI.g。这座形状很不规则的小土丘，是一座已完全坍毁的烽燧遗址。

我们又往前走了 1 英里，来到了烽燧遗址 T.XLVI.h。这个遗址比前几个遗址要有价值些。烽燧用土坯层和芦苇层筑成，已向东坍塌。烽燧基约有 16 英尺见方。烽燧的东南角似乎连着一些营房，营房的两堵土坯筑成的残墙分别长 24 英尺和 16 英尺。在这里的垃圾堆中，我们发现了 14 枚汉文木简（其中有几枚是完整的），还有为数不少的零碎东西。这些东西中特别值得一提的有：一把弧形铁刀；一个上过漆的木碟子；一件上过黑漆的制作很精美的小木器残件；一条用粗布搓成的绳子，大概是当作火把用的；一把木梳子。

　　紧接着的三座烽燧都间隔约1英里。其中，T.XLVI.i 的构造与 T.XLVI.h 是一样的，但由于烽燧外面曾用夯土层修复过，所以残烽燧高仍有约21英尺。它所在的地面较低，而且奇怪的是，从东边与此相邻的 T.XLVI.j 是看不到这座烽燧的。T.XLVI.j 也是用 T.XLVI.h 那样大小的土坯筑成的，但朽坏得很严重。我们在这座烽燧底下捡到了一枚汉朝的青铜箭头。在这座烽燧附近，从金塔到毛目去的车马道（这条道已在西野的小块耕种区附近过到了北大河的左岸）和长城线离得很近。所以，我发现下一座烽燧 T.XLVI.k（车马道就是在这座烽燧底下经过的）看起来很新，我并没有因此感到吃惊。很可能这本是一座古代烽燧，经过反复修复后才扩大成了现在的规模。这座烽燧又大又醒目，到毛目去或从毛目来的旅客可以把它当作路标。

　　从这座烽燧望过去，可以望见标志着长城线的那条土丘在东边的萨依上延伸了几英里。但由于天色已晚，而且我们离毛目还很远，我只好在这一点离开了长城线，转到车马道上来。从望远镜里看，东边长城线上唯一一座能看得见的烽燧 T.XLVI.l 看起来也很现代，这使我虽转到车马道上，却并不是很遗憾。后来，拉尔·辛格在9月就从那座烽燧底下经过，他证实了我们的结论，而且得知它叫红沙墩。我们沿车马道走了7英里，这才到了毛目绿洲的西部边缘。接着又往前走了约5英里，终于在暮色中到达了带围墙的毛目城。这个看起来很荒凉的小城，就是这个小地区的行政管理中心。在途中，我们还穿过了甘州河河床。河床当时几乎完全是干涸的，但宽约1英里。这说明在泛滥季节，甘州河的水量是很大的。而就在几英里之外，就是北大河同甘州河汇合的地方。

第二节　经过毛目绿洲及其边远地区的烽燧

夏季越来越近了，天气也越来越炎热，我们的骆驼已经开始感受到了炎热的威胁。这就要求我们必沿尽快顺着黑河往下游走。毛目这座小城和它所在的绿洲名称有两种形式："毛眉"或"毛目"。"毛眉"是通用的名称。遗憾的是，我的那位秘书没有在当时确定下来它的官方名称。蒋师爷1915年6月在喀什噶尔给我写了一份在途中遇到的官员的名单，在名单中他把这个县称作毛目。在年轻的县官周化南先生的帮助下，5月14日，我们在毛目只停留了一天，就租到了一些骆驼，以便减轻我们自己的骆驼的负担。这真令我感激不尽。我们还事先获得了关于秋天从这里返程时要走的那条道的信息。那条道是穿越还没有考察过的一段北山的。而且，我们还为在黑河上的考察找到了一个向导。他是个又聪明又乐于助人的年轻汉人，曾多次给商人们做代理人与黑河地区的蒙古人打交道。同一天，拉尔·辛格也同我会合了。他考察了甘州河，考察的起点是曲折的甘州河道穿过大高原北边那条荒凉的小山脉的那一点。他在途中还证实，毛目的耕种区虽然狭窄，但全长有35英里。这块耕种区沿甘州河向南延伸了很远，比以前的地图资料所画的要远得多。但在这块耕种区，以及这座看起来毫无生气的小城（衙署十分破败，只有几家店铺），我们看得出，由于前两三年夏天泛滥的河水水量不足，当地的各种事业都遭受了严重损失，物资极为短缺。据说就是这个缘故，以前通常驻扎在这里的一小支驻军不久前也撤走了。

汉长城是沿着北大河向毛目伸展的。即便是在发现这个事实之前，就有一些地理学证据使我们觉得，毛目小绿洲虽然资源很有限，但在保卫甘肃西北部的时候地位必定是非常重要的。黑河河谷在约200英里的距离内，都有水和牧草，使得这条河谷成了从阿尔泰地区来的敌人劫掠和入侵甘肃最西部那些绿洲的极佳途径。而沿着南山脚下延伸的那些甘肃西部绿洲，又是中国和中亚之间的天然大通道。黑河东西两侧都是广大的沙漠和光秃秃的山脉。这些沙漠带即便是强悍的游牧部落也很难大批通过，于是保护了那条进行商业和军事活动的重要走廊不致受到来自北边的太大进攻。但黑河河谷却是敞开的，就像开门揖盗一样。我们将看到在成吉思汗的领导下，蒙古人的第一次重大进攻就是从这座大门进来的，最终征服中原地区。以前来自北部草原的匈奴人、突厥人等游牧部落曾有多少次利用这个大门侵入西北，很值得那些能查到中国历史文献的人研究。

在此我应指出一点。自从汉武帝时期中国人第一次进入河西地区开始，那些负责守卫河西走廊这条中国和中亚之间交通要道的人，都不会不明白：如果在河西走廊北端有一块耕种区，从肃州那一侧和甘州那一侧又都能很轻易地为这块耕种区提供支援，那么这块耕种区就会像关隘一样，阻住入侵的敌人。或者，当中国方面想要对游牧部落发动攻势时，也可以把这块耕种区当作前沿的据点。沿着北大河最下游河道延伸的汉长城使我确信，早在公元前121—前115年，当汉朝第一次从匈奴人手中夺下肃州和甘州地区并设郡时，毛目地区就已经被纳入了那个浩大的边界防卫体系之中了。因此，我希望在时间允许的情况下，尽可能多看看毛目绿洲，并踏访绿洲内和绿洲附近能发现的一切遗址。

甘肃这些地区的普通朴实百姓多是守口如瓶的，而我们带的那个蒙古族翻译很有点办法，知道怎么去打听消息。他打听到有一座当地人认为很古老的城堡，就位于绿洲主体靠下游的那一端。毛目绿洲的主体是沿着甘州河和肃州河合流之后的河道东岸伸展的。因此，5月15日，我们没有立即到河西岸去（河西岸有一块窄条耕种区，我们是有可能在那条耕种区上游发现长城线的），而是沿着穿越绿洲最宽部分的那条路，向双城子去，据说那个遗址就在双城子附近。从毛目城起6英里的距离内，耕种带都是连续不断的。但由于耕种带东边是片光秃秃的砾石萨依，西边则是宽阔的沙质河床，所以耕种带的宽度没有超过3英里的。再往前，田地之间就夹杂着一块块长着灌木的砾石地面。走了10英里，我们又来到了平整的田畴，那就是宜人的双城子村了。我们在那里扎了营。

在双城子北边约1英里的草地之间（有些草地是沼泽），就是当地人认为极为古老的那座废城遗址。废城的夯土墙特别结实，墙基厚16英尺。墙围成了一座四方形的城，南墙和北墙长约300码，东墙和西墙长约400码。南墙和东墙上有很大的豁口，那显然是风蚀作用造成的。城的东南角堆了一大堆流沙，这也是风蚀作用的结果。保存较好的城墙高约25英尺。城里只有一堵不太结实的东西走向的墙的痕迹，除此之外，城内是空荡荡的。但在城墙内外，我们都发现了大量陶器碎片，是汉代那种灰色的带席纹或绳纹的陶器，这些都表明这座堡垒的年代是很早的。我们还发现了几件上过釉的碎片，都和在汉朝就已废弃的敦煌长城烽燧上发现的一样。另外几件，表面是灰色的，里面则发红，上面有环状刻痕和垂花装饰，这种陶器在尼雅和楼兰遗址是很常见的。考虑到陶器碎片极多，其中却没有一片后来的那种陶器，这使我们得出这样的结论：这个带围墙的堡垒是汉代的。

就在这座废城东北约0.25英里的地方，有一座较小的堡垒，从内部看起来十分古老。从平面图（图16）中我们看得出，堡垒内层里面96英尺见方，夯土墙厚21英尺，仍高达约30英尺。堡垒的大门开在特别坚固的南墙上。大门外又有一道起保护作用的门，那里的墙厚17英尺。这道门连着外层围墙的南墙，外层围墙只有10英尺厚，不算护墙只有12英尺高，显然是后来很晚才添筑的。护墙用土坯筑成，上面有横梁，以防止敌人纵向射来的炮火，这说明护墙的年代应该是极晚的。我认为很可能这原来是一座古堡，

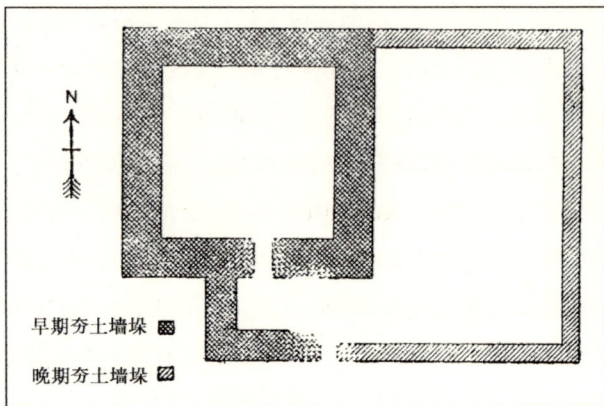

早期夯土墙垛 ▨

晚期夯土墙垛 ▨

图16 双城子附近的堡垒平面图

后来在年代很晚的时候，古堡又被当作了一处小要塞的核心部分。这里的土壤是松软的黏土，没有遭受风蚀作用，所以我们也没有发现小陶器碎片，因而还不能得出什么确切的结论。对上述这两个遗址，我的总体印象是：这里曾有过驻军，其目的是为了在汉长城过河的地方，戍卫黑河河道。

5月16日，我们过河到了西岸，那里的一长条耕种带虽然很狭窄，却耕耘得十分平整。过河的地方，河床宽1英里，但只有一些小水洼里有水。过河之后，我们到达的农田边上是窄窄的砾石缓坡，再往上是砂岩构成的支离破碎的低山。我在缓坡和低山上寻找长城墙体的遗迹，却一无所获。我们在砾石缓坡上走了5英里（这段缓坡俯瞰着二家庙那些宜人的田地），也没有发现长城墙体的任何迹象。

我们很远就看到烽燧 T.XLVIII.a 了，它坐落在一座较远的小山上。我们一到那里，就一眼看到了那条已完全坍毁的笔直的墙体。墙体形如一条土丘，虽然低矮却很清晰，延伸在小山脉的砾石缓坡上。墙体是从四分方向来的（为北40°东走向），然后折向北58°东走向，向 T.XLVIII.a 伸展过来。标志着墙体的小丘太矮了，所以当我们在较平坦的砾石地面上已经离它很近，或者大致和它平行着前进时，都没有注意到它。烽燧 T.XLVIII.a 已坍毁了，只有9英尺高。显然，它和汉长城是在同一时期筑造的。烽燧基24英尺见方，筑烽燧的土坯为常见的类型。在这座烽燧（和长城墙体引向的下一座烽燧 T.XLVIII.b）下面的石坡上，几乎没发现什么垃圾。对此我们是很容易作出解释的。既然离这里不到0.5英里就是舒适的耕种区，长城上的守军以及负责文书工作的"书记员"们，又何必将营房设在这里呢？

我们沿北58°东方向沿着萨依脚下的墙体走了1英里，然后下来，到了下门子，那里有青葱的田地和成荫的榆树。过了那里后，我们将有很长一段时间看不到耕种区。在沙门子我们又毫不费力地找到了长城线，它形如地面上一条笔直的小丘，向 T.XLVIII.b 延伸过去。我们从沙门子走了约4英里，就到了 T.XLVIII.b。那里的长城墙体几乎完全坍毁了，北大河与甘州河汇合处的墙体必

图17 毛目
下游长城上的
T.XLVIII.b 烽燧

定也是如此，因为我手下的一个测量员在9月的时候到那里寻找
长城墙体，结果却一无所获。这大概是那条小山脉上偶尔有水流
下来的缘故，在这里小山脉的分支是十分靠近河床的。T.XLVIII.
b（图17）是一座用土夯筑而成的烽燧，很结实，高达24英尺，保
存得很好。烽燧基20英尺见方，烽燧顶微呈圆锥形，使人想起在

敦煌长城上看到的 T.III 和 T.VII 等烽燧。

从这座烽燧所在的陡山上，可以清楚地望见长城墙体折向北 83°东方向，笔直地向前延伸了约 1 英里到了河西岸。就是在这里，河床分成了两支，使河床大大变宽了。现在我们可以肯定，毛目绿洲最北端下游的汉长城，在这里折向了东方，过到了黑河河谷对岸。为了不影响在下游的黑河三角洲进行的考察，我们现在是无法到对岸去继续寻找长城线的。但在完成了对黑河三角洲的考察回来时，我特意重访了这里。就目前来讲，有一个事实是有考古学价值的：就在离山脚不到 0.5 英里的地方，耕种区终止了，汉代时也是如此。而且，烽燧 T.XLVIII.b 下面，就在河西岸不远的地方有座大风庙，说明当地人对汉长城上古代关隘的敬意仍保留至今。

但很快我们就发现，无论在汉朝还是在后来，要想防止敌人沿着黑河从北边来，光有城墙是不够的，还必须在城墙外边较远的地方设置更有效的防御工事。我们沿着河边平坦的砾石和粗沙地走，到那个叫大湾的放牧区去。途中在离 T.XLVIII.b 约 4 英里的地方，我们经过了一座特别坚固的小堡垒 T.XLVIII.c（图 13、18），它很像古代玉门关的那座小堡垒 T.XIV。堡垒内部 32 英尺见方，而仍高达 30 多英尺的用土夯筑而成的围墙自身就足足厚 20 英尺。在小堡垒附近发现的陶器碎片中，既有年代较早的，也有后来的。围墙里有羊粪堆，说明最近曾有牧人临时栖身于此。

再往北约 1 英里就是我们位于大湾的 140 号营地。我在那里发

图 18　黑河岸边大湾附近的 T.XLVIII.c 废堡

现了大围墙 T.XLVIII.e（图 19）。它离宽阔河床的西岸很近，汉文名称叫天仓大湾，蒙文名称叫阿伦托克海杜如勒金。围墙用土夯筑而成，高约 18 英尺，厚 18 英尺，四角各有一座棱堡，墙围住的面积约为 220 码见方。围墙里面有三四个低矮的建筑废墟，建筑上的土坯是垂直放置的，表明其年代较晚。有一座建筑似乎是一

图19　毛目下游黑河岸边的 T.XLVIII.e 围墙

座庙，用土坯筑成。我的总体印象是，这是座后来建的堡垒。在这里没有发现陶器碎片，似乎证实了我的判断。

5月17日我在这个遗址东南约1英里的河东岸，探访了另一座堡垒 T.XLVIII.d。蒙古人把它叫作塔拉令金杜如勒金，这个复合词的后一部分"杜如勒金"有时也读作"杜乌尔金"（意为堡垒）。T.XLVIII.d 坐落在一座布满砾石的低矮高原最西端，这座高原是从一条沙漠山脉弯过来的，我们后来在去高台的路上，曾穿过这条山脉。与这座高原的最西端隔河相对的，就是砾石缓坡的坡脚，这道砾石缓坡是从毛目绿洲边上的北山最东段外围山脉上延伸下来的。在高原和砾石缓坡之间，河床变窄了，宽不足 0.5 英里。T.XLVIII.d 虽然已成废墟，仍十分引人注意，并且整体看来比 T.XLVIII.e 要古老。有迹象表明，它的建筑曾先后发生过一些变化，但由于缺乏明确的证据，我无法确定这些变化的年代。

如图 20 所示，遗址里面有一座内层小堡垒，呈不规则的长方形，里边大致长 250 英尺，宽 185 英尺。墙用土夯筑而成，底部厚约 12 英尺，有些地方仍高 25 英尺。墙上共有两座坚固的棱堡，一座在西南角，一座在西侧墙上。大门开在东墙上，门外筑了个起保护作用的门厅，门厅的墙没有堡垒的墙那么坚固。门里侧每边还各有一座大塔。朝里的烽燧上有一层显然是后来筑的护墙，护墙上平砌的土坯层和竖砌的土坯层交替出现。东墙外侧的大部分墙面上也有一层类似的护墙。南墙、北墙上有缺口，似乎不是风蚀作用造成的。除此之外，堡垒的围墙保存得都很好。这座堡垒朝北、朝东连着长得多的外围墙。外围墙也是用夯土筑成的，但只有 5~6 英尺厚，残留下来的北墙和东墙分别有 700 码、500 码长。外围墙朽坏得很厉害，但有几处地方仍保留着大小不一的烽燧。我们无法确定朝河边延伸的北墙究竟是在哪一点终止的，而西墙已彻底消失了，大概是在河水泛滥的时候被卷走了。

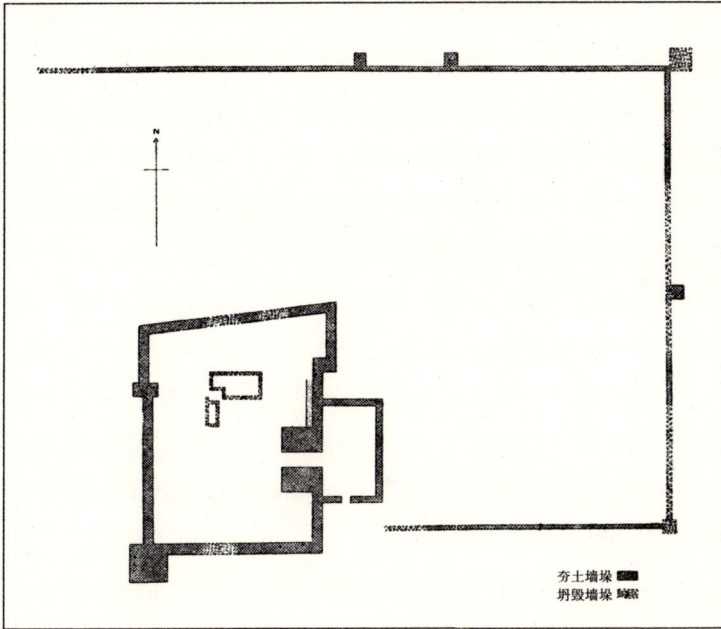

图20　T.XLVIII.d 遗址平面图

　　内层小堡垒里面，有两个小建筑的残墙保留了下来，是用垂直放置的土坯筑成的。清理之后，我们只发现了建筑屋顶的残迹。堡垒里西南和东南角的垃圾堆中，也没有发现任何能提供年代线索的东西。内层堡垒里边和外围墙里边各有一片较浅的洼地，大概是井，我们没法清理它们。所以要想得到年代上的信息，我只能靠陶器碎片了。这样的碎片极多，尤其是外围墙里面更多。其中灰色硬碎片居多，有的带有绳纹或席纹，有的无花纹。这些陶器碎片是很古老的。灰白色无花纹的带釉陶器碎片则很少。更有启发作用的是，我在这里没有发现一片瓷器，或是在以前的宋代遗址中发现的那种上了釉的器皿。

内层小堡垒的布局很不规则，不太像是汉朝建的，至少现在这个形状的小堡垒不会是汉朝的。而我们在这里又没有发现常见于哈喇浩特和桥子的那种陶器碎片，这又说明无论在宋朝还是在西夏统治时期，这里都没有长期的驻军。因此，我猜想塔拉令金杜如勒金堡垒大概建于从汉末到唐初的那段动荡年代，并在吐蕃于公元750年左右入侵甘肃之后重修过。在这两段时间里，北边的突厥等游牧部落，常常威胁着甘州河沿岸和南山脚下中国居民点的安全。但也有可能后来这里曾有军队临时驻守，并做了些修复。

我们骑马斜穿过变宽的河床，走了2英里，就又回到了黑河西岸的道上。我们第一次遇到了蒙古人的一个小营地，营地中有几座毡帐篷。在那里穿着喇嘛服和我们旅行的马鲁木认出来，有座帐篷的主人是他的一个亲戚。这次不期而遇也是颇能给我们启发的。马鲁木是多年前从焉耆那里的天山牧场流落到敦煌的。这里离马鲁木他们先前的牧场直线距离有700多英里，而他在这里竟发现了他的一个亲戚。这说明蒙古人为了寻找牧草或为了其他目的，是能迁移到很远很远的地方的。我后来特别想让他这位见多识广的蒙古族亲戚给我们做向导，引着我们在秋天的时候穿过北山，但没能成功。

我们又沿着车马道在光秃秃的砾石萨依上走了2英里，来到了烽燧 T.XLVIII.f。这是我们在黑河三角洲上游的西岸发现的最后一座烽燧。它坐落在一座低山顶上，视野很辽阔，能向河边平原望出去很远。西北的北山、东边和东南的沙漠高原都有光秃秃的缓坡向河边延伸过来，在这座烽燧上，这几道缓坡也都尽收眼底。烽燧的形状和大小和 T.XLVIII.b 完全一样，底部20英尺见方，越向上越细，烽燧顶比地面约高出22英尺。但这座烽燧用结实的土坯筑成，土坯大小和毛眉段长城最北边的那座古代烽燧T.XLVIII.a 一样。后人曾在烽燧外边增添了一层夯土，显然是想扩大烽燧顶的面积，但大部分夯土后来又都掉了下来。

从 T.XLVIII.f 的结构看，它属于毛目段长城。从这里可以望见大湾的那几座堡垒。无疑，这座烽燧的目的是给毛目段长城放哨，和 T.I、T.II 的作用一样（那两座烽燧位于罗布沙漠道接近敦煌长城最西端的地方，戍卫着那条道路）。值得注意的是，就在河对岸离 T.XLVIII.f 约3英里的地方，有一座虽然不大却很坚固的堡垒，叫作乌兰杜如勒金。它在构造和大小上都和 T.XLVIII.c 相似，可能也属于汉代。

当天，我们继续往前走，穿过一块荒凉而辽阔的砾石平原，来到了休息地乌兰艾尔斯。这块小地方位于曲折的河道西岸，长着植被和胡杨树。在到休息地之前的那16英里的行程中，地面极为开阔。而且由于前一天傍晚的一场暴风带来了一点小雨，所以天气也特别明朗。但我们并没有发现任何建筑遗存。我们现在进入的地界虽然位于通往蒙古中心地带的一条古老交通线上，但它从来都不是汉人的居民点。而我们以前寻找的长城线都是保护汉人的。

第三章

黑河三角洲和哈喇浩特遗址

第一节　黑河下游及其尾闾

我之所以想沿着黑河考察，一方面出于地理学上的兴趣，另一方面是出于考古学上的兴趣。考古学上的动机使我急着去探访黑河三角洲的哈喇浩特遗址，因为在那里，杰出的俄国探险家科兹洛夫上校1908年有幸发现了重要的手稿和其他文物。公元11世纪早期，与藏族人有亲缘关系的唐古特人（即党项人——译者）建立了西夏王朝，把甘肃大部分地区连同哈喇浩特都纳入了它的统治之下。两个世纪后他们才被蒙古人征服。据我所知，科兹洛夫上校所获的文物主要都是西夏时期的。

但有史为证，早在西夏国之前，黑河河谷就已经有很大价值了。考虑到它的位置和各种方便条件，黑河谷地自古就是北方游牧民族向南进犯的要道。公元1225年成吉思汗率领的蒙古大军就是从这里进来，最终征服了唐古特王朝。而在那之前，甘肃北部地区每个占统治地位的民族，都曾从这条天然大道上经过，并在自己得势的时候，尽力控制住河谷中的牧场。这些民族有：大月氏，后来他们成了印度西北部印欧—锡西厄的统治者；匈奴人（或称胡人），就是他们在公元前2世纪早期把大月氏赶到了西边；唐古特人之前的突厥回鹘人。下文我们将会看到，马可·波罗的游记中有很著名的一段，记载了经过额济纳城的一条道路，实际上额济纳城正是哈喇浩特。那段文字充分反映了黑河河谷的重要性。

同样吸引着我的，还有这一地区的地理状况。出于基本自然条件上的相似性，我希望可以将黑河尾水和黑河三角洲的情况，一方面与疏勒河尾水和尾闾相对比，另一方面同以前楼兰的干河相对照（那时候，通往塔里木盆地的中国古道仍是穿过楼兰国的）。

沿着黑河往下游走的时候，我在地理学上的好奇心首先得到了满足。这些地理现象还有助于澄清和哈喇浩特遗址及其周边地区有关的某些问题。所以，在描述哈喇浩特遗址之前，还是让我简单说一下这些地理现象。但遗憾的是，在我之前到过这里的俄国杰出旅行家伯达宁先生、欧布罗柴夫先生、科兹洛夫上校和他的同伴用俄文出版的描述性资料，我却无法查阅。欧布罗柴夫和喀兹那科夫的路线草图，以及科兹洛夫上校1899—1901年探险的路线图，比例尺都太小了。它们提供的地形上的细节，是没法代替描述性文字的，但它们对黑河三角洲西部地区的资料，仍不失为有益的补充。

过了毛目的那几个偏远防卫建筑后，在头两天的行程中，蜿蜒在砾石缓坡之间的黑河沙质河床虽然宽，却一直没有分岔。河道西边是砾石缓坡，显然是从北山东南边缘延伸下来的。这段河道两岸只有零星的小块冲积物。从乌兰艾尔斯上游向下，堆着冲积物的小块地面上大多长着成行赏心悦目的胡杨树。尽管这些肥沃的小块土地上的灌木和芦苇对过往牲畜是一种慰藉，但灌木和芦苇太有限了，不足以成为牧场。我们是在141号营地到到河东岸的，那里河床的沙土上有流沙，骆驼踩上去摇摇晃晃的。而再往下游，只有在被侵蚀过的陡岸下，才有一片片小水洼。

在其中一块植被带附近，矗立着一座废烽燧（图21）。毛目的汉人把它叫作西湾墩，蒙古人则称之为塞尔。烽燧身南侧和东侧的部分土坯掉了下来。可以看得出，原来的烽燧用土坯筑成。后来又添筑了土坯，把烽燧底部扩展到了27英尺见方。添筑的土坯是垂直放置的，大小和先前的土坯也很不同。在这座烽燧上游约6英里远的东岸，我们还路过了一座叫北墩子的烽燧。烽燧用土夯筑而成，保存得很好，高达25英尺。考虑到这两座烽燧离T.XLIII.f和乌兰杜如勒金堡垒有17英里远，我认为它们不大可能是和毛目段汉长城连在一起的前沿烽燧。在142号营地以北约1英里的地方，我们还路过了另一座烽燧，它和毛目段长城大概也是没有关系的。烽燧基用土筑成，烽燧身上用的土坯大小和古代土坯一样。烽燧底部有16英尺见方，烽燧高20英尺。

图21　黑河岸边西湾墩附近的烽燧，西湾墩也称塞尔

　　我们第二天行程的终点是布克托海，即142号营地。离那里还很远的时候，我们就看到了科克乌拉山脉。这条山脉虽然不高却嶙峋陡峭，仿佛锯齿一般从东北向河边伸展过来。山脉南端的小山巴音伯格都就矗立在河边，比河床高出约500英尺，山顶上有个圆锥形石堆作为标志。河对岸是一道宽宽的山岭朝科克乌拉

图22　巴音伯格都山西麓的泉水沼泽

山伸过来。它比科克乌拉山高不少，是北山一条山脉的东支，我们后来在去明水的途中还穿越了这条山脉。河两岸这两条山脉，在巴音伯格都山附近彼此相距还不到5英里，形成了一条峡谷。这条轮廓清晰的峡谷就是黑河三角洲的头部。还没到峡谷之前，河床两岸的地面就发生了显著的变化。两岸的丛林带变宽了不少，而丛林赖以生存的地下水则汇成了一些泉水，在一片周围长着芦苇的宜人的小洼地中，形成了一汪汪地表水（图22）。

洼地北边矗立的那座石岭是巴音伯格都山的最后一支，岭上有一座年代不明的土塔。从岭顶望出去，辽阔的黑河三角洲就展现在我们面前。过了岭后，由于前面说的泉水的存在，河床中又有一道窄窄的水了。在离岭1英里远的地方，河道分成了三支。这三条支流之间，一直到变得越来越远的砾石萨依脚下，都是辽阔茂密的芦苇和灌木，不少胡杨树丛挺立在芦苇和灌木之上。在发黄的芦苇丛的映衬下，胡杨树深绿色的叶子显得十分醒目。三角洲头的土壤都是很细的沙质冲积物。我们没有看到任何沙丘，说明黑河每年带下来的水仍足以灌溉植被，是植被把黑河每年夏季泛滥时堆下来的沙质冲积物固定住了。

5月19日和20日这两天，我们都是沿着三角洲最东边那条河道东岸的丛林地带走。在河边的萨依上，我们路过了三座朽坏得很厉害的土塔。接着，我们来到了河边的堡垒废墟"巴罕杜乌尔金"（意为大堡）。它是一个45英尺见方的院落，围墙用土坯筑成，厚11英尺。它似乎比金塔县大湾附近的小堡垒年代要晚。黑河的这个支流和西边的下一条支流之间，是丰茂的植被和大片大片的草地，看起来就像草坪似的。我们在大堡附近过到这条支流的西边后，发现了几座蒙古包（这是意料之中的事）。虽然夜晚很凉快，但由于白天不得不在酷热中前进，不少骆驼已经不堪其苦。我们从毛目租来的骆驼根本就走不动了。所以，现在能扎营在这片肥沃的牧区，我们都极为高兴，因为这意味着又能租到新骆驼了。我们费了不少力气，又耽搁了不少时间，才从这里和下一个营地苏斯伦桃来的蒙古包弄到了骆驼。

据说，河东岸还有一座叫艾奇杜乌尔金（意为小堡）的堡垒，但它离我们的路有一段距离，所以我就不能去探访它了。听人们说，它和大堡的建筑结构差不多，只是小些。这两座堡垒分别位于这块牧场两端，这表明它们是在敌人劫掠或进攻时，给附近的牧民作栖身之地的。在这之前，在路上一个叫沙拉库尔桑耶的地方，我们还路过了一座坍毁的烽燧，烽燧用土坯筑成。从它和大堡、小堡的相对位置来看，我们现在走的这条道古代和近代都是常有人走的。

过了苏斯伦桃来，我们只走了几英里，路边的景象就发生了显著变化。在此之前，河床两岸都是与河道平行的美丽的胡杨树丛。向西望去，目之所及都是丰茂的植被。我认为，当古代的库鲁克河仍定期为它的三角洲带去水时，沿楼兰古道走的商旅在经过库鲁克河三角洲头的丛林地带时，眼前见到的一定就是这幅情景。此后，我们的路线一直是在黑河最东边那条支流的西岸1~2英里的范围之内。我们很快就进入了与先前截然不同的地区。离河边不远的地面不再是松软的沙质冲积物，而变成了砾石。植被越来越少。在绕过河床那些呈凸弧形的拐弯处时，我们见到的地面经常是寸草全无的，芦苇丛也变得极为少见。而且，只有在河床相对于西岸拐了凹弧形弯时，才有芦苇生长，可见泛滥的河水到达这些地方的可能性要大些，胡杨树也只出现在这类地方。

5月21日到23日，在40多英里的行程中，这种单调荒凉的景象没发生过任何变化。我们的蒙古族向导把我们现在沿着走的这条支流叫玉木拿河。河东岸的植被带看起来也是特别窄、特别有限的。在保都伯如和乌兰苏合之间，离河东岸不远的地方，还出现了高大的沙丘链，使景象显得更加荒寂。沙丘的出现表明，再往前就是河水泛滥不到的地方了。过了144号营地，我们越过广大的砾石平地向西边望，起初还能望到纳林河畔那成行的胡杨树（纳林河是西边的下一条支流），后来胡杨树就永远地从我们的视野中消失了。这几天，一直到23日到达朱斯冷查汗，一路上我们只碰到了两处小蒙古包，而且它们的主人也正在向北边的牧场转移。所幸砾石地面上常生长着带刺的灌木丛，可以为骆驼提供足够的食物。我们遇到了很多队骆驼，它们的毛目主人们正将它们带到东北边空古尔旗山脉的夏季牧场去。

我们的蒙古族翻译马鲁木7年前曾在黑河上待了很长时间。他记得有些河段当时全年都是有水的，现在却滴水全无。跟我们走的那些蒙古人说，前3年的整个春天甚至更长的时间，这些河床都是这样的。这些蒙古人，以及我们后来遇到的自首领以下的所有土尔扈特人，都对此十分担心：如果这种春季缺水的情况得不到缓解，不知他们的牧场将遭到何种命运。从苏斯伦桃来往前，我们必须在营地附近的洼地中挖掘才能找到水。这些洼地都位于呈凹弧形的河岸下游，是前一年夏季河水泛滥时冲出来的。

　　我们越往下游走就越注意到，除了紧挨着河岸的窄植被带，其余的灌木明显受到了近几年干旱气候的影响。现在我们很容易就能体会到，在公元后的几百年里，当上游的库鲁克河连续多年泛滥水量不足时，楼兰南边库鲁克河三角洲的那些支流将干涸成什么样子。在位于包尔加苏的营地附近，河边仍有成排枝繁叶茂的胡杨树（图23），给人难得的阴凉。但再往前走不远，路边就是寸草不生的萨依了，已枯死多年的灌木的根暴露在地面上。在不是萨依的地方，仍有几丛较大的灌木活了下来，而较小的草类则都干枯了。围着依然存活的灌木丛形成了只有1英尺多高的矮沙堆。有几处地方，还出现了与河道平行的成行已死的胡杨树干，但那里的地面已经几百年都没有地下水了。

　　在包尔加苏附近，我第一次注意到了一组南北向延伸的小丘，它们位于玉木拿河和纳林河河床之间。小丘形状都不规则，但无疑是人造的，用来取代烽燧。从地图上可以看得出，小丘的间隔一般约为2英里。小丘都不超过16英尺高，既没有土坯，也没有规则的夯土层，但在几条小丘的坡上露出了灌木枝。我认为，它们是不太讲究的信号站，是少数民族模仿汉长城的烽燧和瞭望塔筑成的。没有发现任何关于它们年代的线索，在我查看的小丘上甚至连陶器碎片也没有。据当地人说，这组小丘向南一直延伸到了小堡附近，但我无法验证他们说的是否正确。

　　从包尔加苏走了约7英里后，河边植被带开始变宽，成了一片茂密的胡杨树林。我记得克里雅河与和田河下游就有这种丛林。

图23 在黑河岸边的包尔加苏宿营

在达朱斯冷查汗我们发现了一群蒙古包，大群牛羊在丰茂的牧场上吃着草。过了达朱斯冷查汗约6英里，我们把147号营地扎在了达文桃来。那附近肥沃的土地上生长着大片胡杨树、芦苇、红柳和其他灌木，看起来真像一个公园似的（图24）。后来我们通过考察才知道，那里是一块小三角洲的头部，小三角洲是黑河的支流

图24　黑河三角洲达文桃来的野胡杨树丛

玉木拿河（又称依和高勒）冲积而成的。这条河道变得越来越宽，最终伸展进了噶顺诺尔和索果诺尔所在的那个盆地。

　　5月24日和25日，我不得不在达文桃来停留了两天，以便接待黑河土尔扈特部的首领（或称贝勒）的来访，并去回访他（他住在达文桃来以北约8英里远的地方）。而且，我们还必须在这里准备好劳力、水等，以便到哈喇浩特遗址去。那个蒙古族首领看起来很瘦弱（图25），是一个和善的人。而且，由于我是肃州道台推荐来的，他似乎愿意尽他所能地帮助我。5月25日，我访问了这位贝勒的蒙古包（位于一个叫达示巴的地方，离玉木拿河最西边的那条支流不远），这才意识到，这位首领能控制的资源是相当有限的。

图25 黑河土尔扈特人的首领及蒙古族头人

在去那个蒙古包的途中，大部分地方都长着浓荫匝地的葱郁的老胡杨树丛、茂密的灌木和芦苇。显然，由于黑河尾水分成了几条浅支流，牧场扩展了很多。这个地区南北长30英里，最宽的地方有20多英里宽。在这里的任何一点，只要挖到15~20英尺深，就可以找到地下水。几条支流边上都有大片的沙质冲积物，上面长着芦苇和草，可以放牧马、牛、羊。但在黑河的两条主要支流之间，以及尾闾湖泊附近，广大地面上很有可能都是结着盐碱的砾石，上面长着不少灌木。我们在去贝勒的蒙古包的途中，就遇到过这样的地面。

那个蒙古包是半永久性的，贝勒已经在那里住了几年了。尽管如此，它看起来还是很不起眼。在一圈粗糙的木栅栏里是六七个毡帐（像吉尔吉斯人的阿克奥依），还有几顶帐篷，贝勒的家人和随从就住在那里。栅栏外另有三个毡帐，是蒙古人特有的那种小喇嘛庙，是贝勒用自己的钱维持着的。贝勒本人的性格和气质都体现了中原文明对少数民族的影响，但他的书籍、崇拜物等，都是藏传佛教的东西（藏传佛教是蒙古占统治地位的宗教）。贝勒的主要财产是牛、马等。他和他的私人顾问、总管等在离这里比较远的地方放牧。

我在访问贝勒的蒙古包时，获得了一些信息。它们对拉尔·辛格在后来的考察中获得的关于黑河尾闾的地形资料，是有益的补充。下面我就说一说我听来的信息和拉尔·辛格的考察结果。贝勒的那个主要顾问很聪明，懂汉语。他对我们说，黑河的西边支流叫木林河，又叫阿尔河。多年以来，黑河水主要都流进了那条河里。玉木拿河的水量要少得多，而中间那条纳林河只有一点水。在我来之前的三个夏季，玉木拿河中根本就没有洪流，木林河在6—8月间的水量也比以前少得多，纳林河中则几乎没什么水了。

　　由于河水在夏季长期流量不足，三角洲东侧的所有牧场都受到了严重影响。玉木拿河注入的索果诺尔（就是东边较小的那个尾闾湖），面积已经大大缩小。据说，由于面积缩小，索果诺尔先前是淡水湖，现在已经变成咸水湖了。这个说法得到了拉尔·辛格的证实，他还发现了这种变化的原因。他发现，索果诺尔湖盆中实际有水的部分，南北长不足5英里，而俄国旅行家喀兹那科夫先生来时，湖面南北长足足有8英里。为什么会有这种差别？在拉尔·辛格的平面图上，1914年，湖的实际水面以南，有一块软肖尔覆盖的地面，这块地面告诉了我们答案。喀兹那科夫先生来的时候，有一条水渠把索果诺尔的水引到西边玉木拿河的主河道。现在，由于湖面收缩，这条水渠已经断流了。因为水渠已经干涸，无法再像从前那样使索果诺尔的水保持新鲜。比较一下拉尔·辛格和喀兹那科夫先生的考察结果，我们还发现，西边那个主要的尾闾湖泊噶顺诺尔也缩小了，缩小的比率和索果诺尔恰好一样。它原来东西宽约有20英里，现在缩到了14英里。拉尔·辛格的高度测量证明，索果诺尔比噶顺诺尔要高不少，这个结论和喀兹那科夫先生的考察结果是一致的。黑河终结在两个湖泊之中，而且在1914年，这两个湖泊之间已经没什么联系了。这一事实是很有价值的。我们前面曾说过，这恰似疏勒河的情况，现在一部分疏勒河水流进了花海子盆地；而在古代，疏勒河尾水在接近罗布泊时也发生了分汊现象。

对黑河尾闾这片饶有意思的地面的考察，只能由拉尔·辛格一个人承担了，因为我本人正忙于在哈喇浩特遗址的考古工作。由于时间紧迫，达示巴以北的地面我都没能亲自看一看，对此我很遗憾。下面我简单说一下，把黑河尾闾的现存地形资料，与罗布泊和疏勒河尾闾的地形比较了之后，我得出了哪些结论。除了上面说的分汊现象，黑河尾闾和疏勒河尾闾还有两个共同特征。这两个特征很值得注意，说的都是它们没有什么特殊现象。其一，它们都没有大面积的盐结壳现象；其二，尽管这两个盆地常年都有大风吹刮，现在地面上风蚀作用的影响却特别有限。

我想之所以有这两个现象，都是疏勒河和黑河的尾水流速比较快的缘故。由于流速快，有可能被不时淹没并从而发生盐结壳现象的地面就很小了。同时，这也大大限制了冲积物的范围，当气候变得干旱并且没有植被保护时，风蚀作用在冲积物上是最能发挥威力的。就玉木拿河来说，在156号营地（位于达文桃来上游约3英里处）到噶顺诺尔的约44英里长的距离内，落差下降了足足570英尺。从150号营地到噶顺诺尔之间，落差也有这么大。黑河这几条支流在不同时期形成的冲积带都不太宽，而且仍有水分（有的是泛滥来的河水，有的是地下水），仍能生长植被，这样就不致受到风蚀作用的影响。冲积带之间的砾石萨依也同样得到了保护，直到终端湖泊附近，我们都会看到这种萨依。因此，黑河盆地的一个显著特征是没有雅丹地貌，风蚀作用对那里的古代遗址的影响也是微乎其微的。

从辛苦得来的经验我们知道，吹进黑河盆地的风主要来自西边和西北。频繁而强劲的大风在玉木拿河以东的大沙山上，留下了它们的印记。索果诺尔南边的这些沙丘链有200英尺高，绵延20多英里。与此极为相似的情况，就是疏勒河尾闾西边和西南的高大沙丘链。而沿着拜什托格拉克谷地（即古罗布泊向东延伸出来的部分），则是规模更大、绵延更长的沙丘链。

前面曾说过，从蒙古心脏地区出发沿着黑河向上游走的这条路，和以前经过罗布沙漠、楼兰、库鲁克河到塔里木盆地去的那条中国古道，有惊人的相似性。黑河尾水和疏勒河尾水方便了这两条路上的交通。当然，过了尾水之后，两条路上的旅行者遇到的自然条件是大不相同的。在楼兰古道上，旅行者即将面对的是可怕的罗布泊湖床，那里到处是盐壳，没有一滴水。而噶顺诺尔以北的路穿过的是砾石高原和阿尔泰山系的最南端山脉，那里虽然也是光秃秃的，同罗布泊相比却好得多了。尽管如此，几个缺水季节过后，我在黑河三角洲上见到的一切，大概和古代旅行者在古楼兰周围看到的景象差不多，那时库鲁克河正在萎缩，但楼兰还没有被最终放弃。

黑河三角洲有一些仍然"活着的"小支流，它们几乎全年都是干涸的，但地表下面仍有不少水，岸边生长着美丽的胡杨树林和茂盛的芦苇。但也有的河床，如沃旺果勒河，已经连续干涸了几年。在那里只有沙堆上生长着红柳，不少胡杨树正在死去。几条河床之间的广阔地面上只有稀疏的灌木，已不再适合放牧牛羊了。索果诺尔和噶顺诺尔周围仍长满了芦苇。但在零星出现的蒙古包中，我们已听到人们在痛心地抱怨，由于前几年黑河流量不足，牧场面积已经缩小。他们害怕河边丛林带里的牧场也会遭到同样的命运。

看起来这里的干旱化过程似乎已经初露端倪，而在这里放牧的蒙古人好像也感到了这一点。考虑到黑河地区的总面积，这里的人口很少，只有约200户蒙古人永久地使用着这里的牧场。从这条道走过并为北边的蒙古部落运送食物的中国商旅，给这里带来了文明。而在宗教上，蒙古人又得经常到那些木头筑成的永久性寺院去。这些情况，再加上有限的牧场面积和对水井的依赖，都大大影响了他们的生活方式。而从楼兰商道首次开通，一直到楼兰最终被放弃的那几百年里，楼兰地区的状况大概和现在的黑河地区是很接近的。楼兰人本来也都是靠放牧、狩猎为生的。这引人注目的现象似乎表明，在历史上相距遥远的两个时期，相似的地理条件会引发自然环境和人文环境的类似变化。

第二节　哈喇浩特遗址

　　那位土尔扈特部的贝勒，很愿意在我们按计划考察哈喇浩特遗址时尽可能提供帮助，但我们仍是费了不少力气，才找到几个能在将来的挖掘工作中帮忙的蒙古人。蒙古包都隔得很远。而且尽管我出的工资很高，能从照看牛羊群的人中抽出来的几个人，也仍然不愿意放弃闲暇到大太阳底下工作。但在5月26日早晨，终于来了六七个年轻人（图26）。而且，驮辎重和水的骆驼也已经找好了。于是我们就出发到哈喇浩特遗址去。

　　随从我们的那些蒙古人觉得应该先折返到达朱斯冷查汗，把多余的物资等存放在那里。然后，我们越过了玉木拿河河床（宽300码），又过了河边的一行红柳沙堆向西南走，进入了一块广阔的砾石平原。平原上大多数地方都生着低矮的灌木。在离河约2.5英里的地方，有一丛茂密的胡杨树。从树丛中出来后，我们望见南边有一座小堡垒废墟。据说它叫索克哈托果勒，也被泛称作乌兰杜如勒金。它的围墙厚12英尺，高约24英尺，围住的地方有49英尺见方。墙用结实的土坯筑成，每隔6层土坯夹一层芦苇。整个堡垒看起来特别古老，但堡垒里面和周围没有发现任何能提供年代线索的东西。东墙裂开了一道口（并不是风蚀作用造成的），南墙入口两边的土坯也有缺口。这里用的土坯，和毛眉附近汉长

图26 黑河三角洲达文桃来的土尔扈特部蒙古人

城烽燧上的土坯很接近，这一点是值得特别注意的。

我们穿过平坦辽阔的砾石地面往东南走，有几次都遇到了布满陶器碎片的小块地方，说明以前这里是有人住的。但并没有发现建筑遗存。有一些上了釉的瓷器碎片，应该是宋代或宋代以后的。我们时不时穿过一行行零星的红柳沙堆，来到了当地人称作阿杜纳霍拉的那个大堡垒废墟。废墟四周有不少倒在地上的死胡杨树，看起来年代都不太久远。这说明在有人住后的一段时间里，这里是有丛林的，但后来由于缺水，树木都枯死了。堡垒东边的红柳沙堆之中，隐藏着一条蜿蜒的浅河床。还有一件事应该提一下：在到这座堡垒之前，我们遇到了一条弯向东北的像是条小水渠的河。

从图13中可以看出，阿杜纳霍拉堡垒有里外两层围墙，但两层墙的中心并不是同一点。围墙用土夯筑而成，内层围墙厚约20英尺，外层围墙厚约12英尺。西边和北边的里外两层墙，大多变成了砾石覆盖的土丘。我认为，这表明风雨主要是从西边和北边来的。里边的小堡垒（图27）围住的面积约83码见方。外层墙围成长方形，东西长约220码，南北宽约180码。里边堡垒的大门位于南墙中间。外边的大门位于东墙上，大门外还有一座棱堡加以保护，棱堡围住的地方约40英尺见方。墙上有成排的孔，表明以前曾在墙中塞了大木头来起加固作用，但木头都烂掉了。这说明以前某个时期，这里的气候没有现在这么干旱。

在两层围墙内，我们没有找到什么建筑遗存，陶瓷碎片也没有堡垒外边那么多。有不少上了釉的精美陶瓷碎片，霍普森先生说它们是宋代的。有5枚中国铜钱，为我们提供了仅有的年代线索。它们是在东边外墙附近的地面上捡到的。其中有4枚是"开元"通宝，这种钱币在唐朝广泛流通。剩下的一枚上有"咸平"年号，"咸平"相当于公元998—1004年。这最后一枚铜钱告诉我

图27　哈喇浩特附近阿杜纳霍拉的内层堡垒

们，一直到宋代，这座堡垒都有人居住（军队也许是间歇性地驻
扎在此）。这里虽然没有什么建筑遗存，却有大量陶瓷碎片，由
此我得出了这样的结论：这个围起来的院落，主要是给黑河道上
来往的商队提供栖身之所或进行休整的地方。下文中我们将说到，
主要耕种区额济纳城，还在这里东边足足10英里远的地方。据马

图28 从西南方向望到的哈喇浩特的城墙

可·波罗说，所有沿黑河道出入蒙古心脏地带的人，都要从额济纳城取得物资。如果在玉木拿河古河道附近设一个安全的休息地和物资供给站，人们就用不着绕太远了。

过了这座废堡垒后，地面的沙子越来越多，还不时会出现几个形成没多久的小雅丹。在离阿杜纳霍拉约2英里的地方，我们看到了一条干涸的河床，河床西边是一条低矮的红柳沙堆。我们

的目光越过这条河床，第一次望到了哈喇浩特城（即黑城）高高的城墙。这可能是我在真正的沙漠地区见到的最引人注目的景象了。这座死城矗立在光秃秃的砾石平地上（平地从河床岸边向它伸展过来），又高又厚的城墙和棱堡大部分还保存得很好。西北角的大棱堡上是一座醒目的佛塔，明显有藏族风格（图28）。棱堡外的地面上还有一排小佛塔。第一眼看到的就是佛塔，这似乎表明哈

图 29　哈喇浩特的西墙，西南角是伊斯兰墓葬

喇浩特城中主要信奉的是佛教。当我们走近城址时，我发现城墙西南角附近一个醒目的圆顶建筑是一处伊斯兰墓葬，也叫拱拜孜。这说明以前佛教并不是这座城中唯一的宗教。带穹顶的墓葬里面正好能让我们存放东西，于是我就把帐篷扎在了墓葬外边。我手下的人则住在西城门的那座大棱堡里，那里既能防热，又能遮风。城墙下（尤其是西墙下）已经堆了不少流沙（图 29）。而我们待在哈喇浩特的那些天，每隔一天就有大风吹来，风几乎都来自西北

方向。由此看来，人们是很有必要栖身在那座棱堡里的。

又高又厚的城墙和城内的极度荒凉景象，给人留下了很深的印象。而死城周围的环境里也没有任何东西能改变人们的这种印象。墙外都是光秃秃的砾石平地，只偶尔出现一棵矮小的红柳或几丛带刺的灌木。砾石平原西边就是我们来的时候穿过的那条干涸河床（图30）。我们发现，那条河床有一条宽得多的支流，蜿蜒在古城南边和东边，大部分河床足足宽0.5英里，在南边形成了一

图30　哈喇浩特以西的干涸河床

片大水湾（图31）。这两条河床分岔的地方，离城西南角有0.75英里。在分岔的那一点，南边那条河床的陡岸深20多英尺。离城北约0.5英里的地方，在两条河床之间的砾石平原上矗立着一条大沙丘。沙丘高40~50英尺，已经被红柳沙堆固定住了。它的西段完全塞住了西边那条干涸河床。我以后将说到，这些河床在上游是

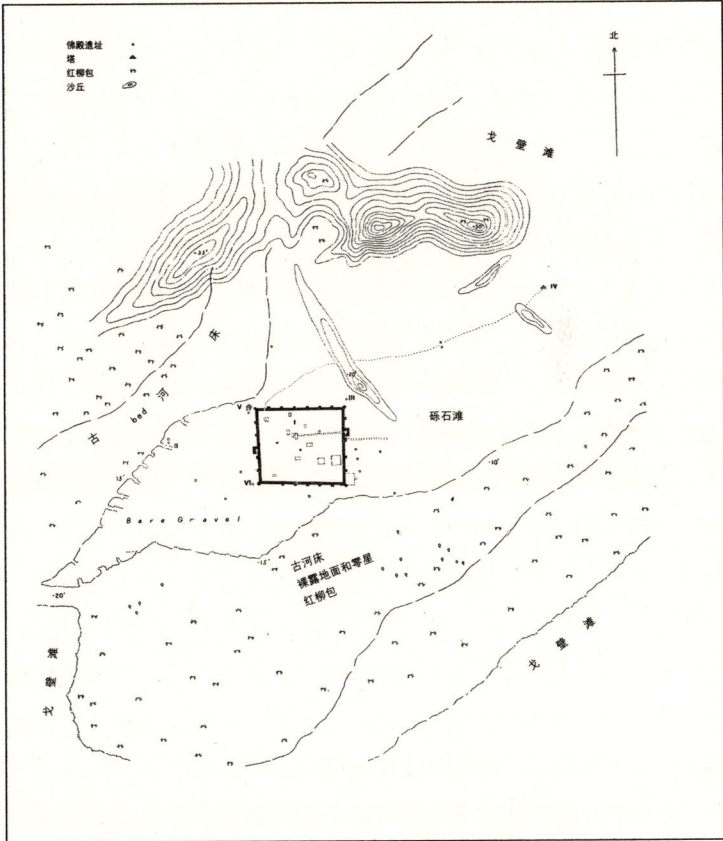

图31　哈喇浩特遗址平面图

怎样和玉木拿河联系在一起的。

　　有一个蒙古人来自伊犁，我们在沿着黑河往下游走的时候，曾遇到过他。当地的土尔扈特人都不太愿意谈起古代遗址，他却没有这么缄默。他说，他曾在东北方向见到过一些科兹洛夫上校没探访过的遗址，大概他的向导还不知道那些地方。所以在到达的当天，我就派阿弗拉兹·古尔带着几只骆驼去勘测东北方的沙漠。然后我把所有的马和骆驼都遣回达朱斯冷查汗去饮水、吃草，骆驼应该驮着装满了水的桶和皮木苏克，隔一段时间到这里来一次。两天后，一支驼队从达朱斯冷查汗回来了。我就派拉尔·辛格带着这些骆驼，沿着哈喇浩特附近的干涸河床向上游走，然后到木林河去，一直考察到黑河尾闾。我自己带来的人只剩下几个了，再加上那10多个临时充作挖掘工的蒙古人，5月27日早晨，我们开始了对城内和城墙外边地面的考察。我们在哈喇浩特一直苦干了8天，中间只是因为又去考察了阿弗拉兹·古尔在东边一段距离外发现的古民居，才中断了几次。任务完成起来非常困难，尤其是因为蒙古人都不太习惯做挖掘工，而我们脾气暴躁的喇嘛马鲁木又时常和他们吵起来。在叙述我们的劳动成果时，我将忽略它们的先后顺序，而基本按照地形上的顺序来讲述。

　　哈喇浩特最惹眼的建筑遗存就是它的城墙。从图32的平面图中可以看出，城墙大致围成长方形，长方形的边基本上是东西、南北走向。里面围起来的地方，北侧长466码，西侧长381码。这座城比楼兰遗址要大一倍，但不及桥子附近的锁阳城一半大。墙

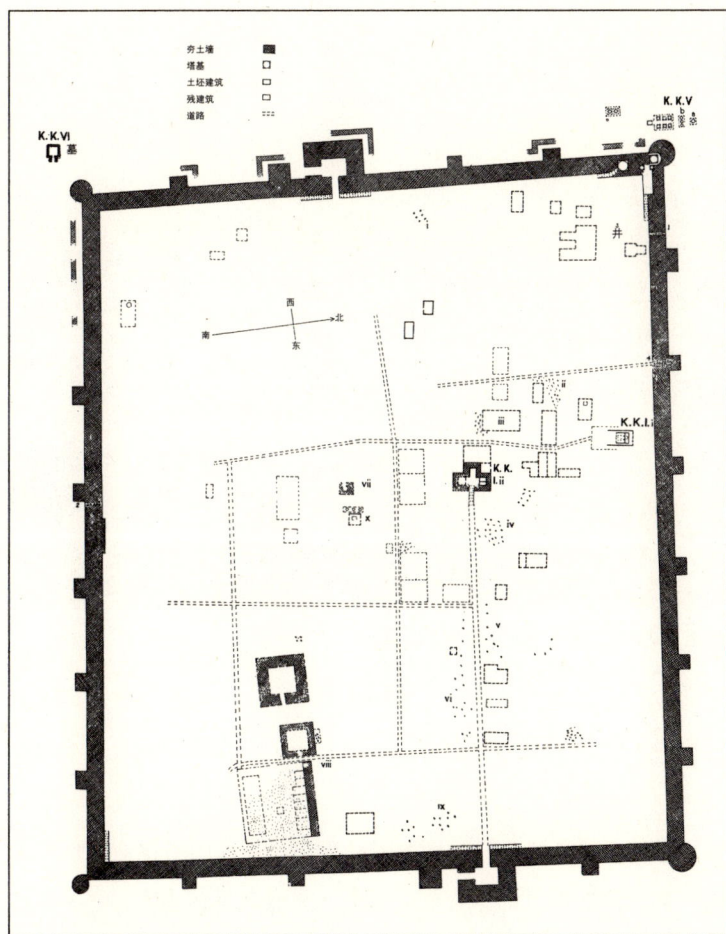

图32 哈喇浩特平面图

图33 哈喇浩特城墙西北角上的佛塔遗址

用土夯筑而成，用木头加固，从内侧墙面上可以看出有三层大木梁。但大多数地方的木头都烂掉了，只有孔洞标志着它们原来的位置（图33）。墙底部厚约38英尺，但墙面成一个较大的角度向里倾斜，所以在离地面约30英尺高的地方，墙体只有12英尺厚

了。西北角附近高处的墙体要厚得多（那里墙顶上就是下文即将说到的佛塔），墙体底部也相应地加厚了。有些地方仍保留着厚约1英尺的护墙，护墙仍有5~6英尺高，上面开了很多墙眼。在大门附近和城的西北角、东南角，都可以看到通往墙顶上的斜坡（马

图34　哈喇浩特西门外的棱堡

道——译者）。

　　大门开在东西墙上，有18英尺宽，门外筑了门楼（瓮城——译者）来保护，门楼的墙也和城墙一样厚（图34）。此外，墙体上还有两道豁口（见图32中标1、2的地方），豁口是后来才出现的。在我看来，南墙上的豁口似乎是在防范敌人已不是一件要紧事的时候人们开出来的，以便到城外去。但如果说北墙上的豁口（图35）也是这一用意，它又似乎太大了，因为人们进出用不着那么大的豁口。两道豁口都在棱堡边上，似乎不太可能是围城者打穿的。同时，我也找不到什么证据，能证实科兹洛夫上校听说的关于北墙豁口的故事（在他的先期报告的摘要中，连篇累牍地讲了那个故事[1]）。但特别值得注意的是，这个故事说明，当地人认为北墙的豁口和埋藏的大宝藏是有关系的。豁口很可能是早期"寻宝人"所为。我们在别的地方也见到了不少"寻宝人"留下的痕迹，而这里的"寻宝人"更有耐心，更顽强。为了支持这个假设，有一个现象我要提一下：在北墙那道豁口附近的几个地方，有不少从里面挖到墙里的孔洞。孔洞不仅挖到了墙里很深，而且一直挖进了墙外边的棱堡之中。

　　图32中清楚地勾勒出了大门外那些门楼的结构。除了门楼，保护着墙的还有四角上的圆形大棱堡和墙外的长方形棱堡（马面——译者）。东西墙上各有4座长方形棱堡，北墙上有6座，南墙上有5座。这些棱堡大小不尽相同。最大的是保卫着大门门楼的，正面宽47英尺。西墙和南墙的墙体和棱堡外，似乎是个掩蔽的廊道，由一堵厚10英尺的墙构成，只残留下来少量墙体。我没发现什么护城河的迹象。

　　1　故事中说，这道豁口是传说中哈喇浩特城的一位统治者哈喇将军造成的。当中国军队围困哈喇浩特时，由于黑河改道，城里缺水，哈喇将军就率军队试图从这道豁口中突围出去。在此之前，他把难以数计的财宝都埋在了豁口附近的一口井中——人们打这口井本来是想找水的，却没有水。

　　我们发现，在这道豁口附近有个又宽又深的洞，无疑本是一口井。科兹洛夫上校听到的那个传说就是从这口井引发的。显然，人们长期以来都认为这个遗址周围埋藏着宝物。有大量证据表明，长期以来，"寻宝人"曾在不同地点挖掘过。通过马鲁木不太精确的翻译，我得知，据说成吉思汗曾围困过哈喇浩特，北墙上的豁口似乎和那次围困有某种关系。关于南墙上的豁口，我没有获得任何信息。

流沙在持续而缓慢地攻击着哈喇浩特的城墙。我在楼兰、锁阳城、安西等遗址都目睹了风蚀作用的巨大威力。所以，观察一下这里风蚀作用的情况，对我来讲是很有价值的。从图29、36、37中可以清晰地看出，盛行的西北风在西墙和北墙外堆起了大沙

图35　从哈喇浩特城里看到的古城西北角（箭头标示的是北墙豁口的位置）

丘。碰上了突出来的棱堡角的地方，沙丘已经高达墙顶。那里，在被风吹刮的沙子的磨蚀作用下，墙顶上的护墙已经完全消失了，而且墙体上也被掏出了深达6英尺多的沟。这样就有不少沙子进入了城内。它们有的堆在背风的西墙和北墙下（图38），有的越过

图36 哈喇浩特城墙的南面，避风处堆满了沙子

城里地面，直到被东墙和南墙挡住为止。于是，在东墙和南墙上也发生了上面说的那种磨蚀作用（图36）。由于城里没有棱堡的角，墙顶上被磨蚀掉的地方就没那么规则了。但风蚀作用对这两面墙的影响也是很明显的，东墙有32英尺长的一段就被磨出了6英尺

深的缺口。

　　坚固的围墙又高又厚，保存得非常完好。城内却一片荒凉，显得极为空旷，与城墙形成鲜明对比。从图32中的平面图以及图38、39中可以看出，城里大部分地方都是分解的土壤和碎石，只

图37　哈喇浩特城的西墙，西北角附近有风吹沙子造成的豁口

有很少几个建筑遗存矗立在空旷平坦的地面上。而其余的地方，我们只能凭这里那里一截低矮的残墙，一根短木柱子，或者硬土坯筑成的地基和地板，来勉强辨认出建筑物的轮廓。站在城墙顶上可以分辨出有几条路穿过城中，东城的路尤其明显。在那里，我们能清晰地在地面上辨认出一条大街。它从东门伸出，一直延伸到坐落在土丘顶上的一座废庙。但即便在这条大街两旁，我们也更容易辨认出垃圾堆，而不容易辨认出建筑，因为建筑物都已

坍毁了。城里大多数建筑的墙都是用夯土和木头筑成的，不太厚。一旦城被废弃，这种墙会很快坍毁的。而从现在仍有人居住的地区到哈喇浩特来又极为容易，所以恣意的破坏和长期的"寻宝"，都使城里更快地变成了废墟。在几个地方，我们还明确地发现了被火烧过的痕迹。早在外边的流沙高过城墙之前，城里肯定就已被夷为平地了。沙丘本来是可以保护遗址的，在这里却没能发挥作用。

图38 向西北方望到的哈喇浩特城内的景象

　　从一开始我就意识到，我带着这么一小队蒙古挖掘工，是无法彻底清理城里地区的。即便我们能克服酷热、沙暴、缺水、民工不听话等种种困难，真的将城内全部清理出来，那对我们的时间来说，也是一种浪费，而成果却不会与此成正比。所以我决定，只清理西城那些庙宇中的几座（那里的瓦砾下，仍有可能掩埋着有价值的东西），以及别的地方的大垃圾堆。在垃圾堆中，我们大概有希望找到文字等能提供时间线索的东西。我的这个希望没有

落空。从在垃圾堆中出土的文书和在城墙内外捡到的铜钱，我们可以推断一直到什么年代这里仍有人住。所以，让我先来说说这些文书。垃圾堆中主要是牲畜粪便、木片、破碎的陶瓷等物。其中，在大街两边发现的垃圾堆是最大的。它们旁边一般没什么大的建筑遗存。由此我得出了这样的结论：它们主要是在普通的房子（像货摊、酒馆等）附近堆起来的。这类建筑质量不好，所以如今都已踪迹全无了。除了几块木头上零星有几个汉字，我们发现

图39 向东南方望到的哈喇浩特城内的景象

的所有文字都出现在纸上。纸的状况表明，它们是被当作"废纸"扔进垃圾堆的。大多数文书都撕碎了，有不少只是小纸片。有一些文书虽然完整，却被卷成了卷或揉皱了。还有一些写有汉字的纸条被团成了一团。在出土的文书中，占绝大多数的都是汉文文书。而且，就我当时匆匆检查的结果看，只有几件文书是印刷的，其余的都是手写的。在把这些出自哈喇浩特的文书交给几个同事分头研究之前，我粗略地开了张单子。从单子上看，汉文文书共

有230件，西夏文（或唐古特文）文书有57件。只有3件文书残件上有吐蕃文。还有一件汉文文书后面带吐蕃文背书，2件文书上既有西夏文也有吐蕃文。此外，垃圾堆中还出土了9件写有回鹘字体和突厥语的文书。

　　我把文书交给了两位学者，一位研究汉文文书，一位研究西夏文和吐蕃文文书。目前，我手头还没有他们得出的结果，因此我无法知道这些出自哈喇浩特垃圾堆的"废纸"上面有没有明确的纪年，如果有，就能为我们提供年代线索。但出现了印刷和手写的西夏文书，这一点就足以说明，在西夏王朝时期（公元1032—1227年），哈喇浩特是有居民的。因为，据说是西夏王朝的建国者引入了那种字体。根据我所知道的文书线索，很可能在成吉思汗公元1227年灭了唐古特王朝后很长时间，这里仍有人住。

在准备付印上面这些文字的时候，马伯乐先生给我提供了一些初步信息，完全证实了我的判断。根据他的笔记，在这座废城的垃圾堆中出土的汉文文书中，有9件有明确的纪年，都是蒙古人建立的元朝时期的，起于公元1290年（也可能是公元1266年），止于公元1366年。最后那件公元1366年的文书只比元朝灭亡、明朝建立（公元1368年）早两年。这些有纪年的文书，大多数讲的是小刑事案件、谷物收支账目等事，说明在当时，此地的行政管理是按照传统的中国模式进行的。在萨拉依废墟 K.K.I.viii 中发现了一件文书，劳佛博士说那是一张纸币，是忽必烈皇帝的第一段统治时期中统年间的（公元1260—1264年）。这也与我们上面提到的文书的大致年代相符。

在有了上述资料之前，我们只能通过认定哈喇浩特就是马可·波罗说的额济纳城，来推断城的年代。而在这个遗址找到的钱币，年代没有晚于公元1175年的。查一下单子就知道，在城内或紧挨着城外发现的17枚中国古钱币中，有13枚的年号在公元1008—1161年之间，还有3枚上面是唐朝的开元年号，剩下一枚是五铢钱。值得注意的是，前面那13枚中，只有一枚的年号是"正隆"（公元1156—1161年），它属于女真族建立的金朝，其余12枚都是宋朝的钱币。据认为，在公元1075—1226年之间，西夏朝已经有了自己发行的货币，在这里却没有发现1枚西夏钱币，这是很奇怪的事。对此我们大概可以作这样的解释：由于同中国本土的贸易占最大比重，所以，即使在西夏国之内，流通的宋朝皇家钱币也要比本地统治者发行的钱币多。

在城内垃圾堆里出土了各种小物件，其中特别值得注意的，莫过于那些数量极多、种类繁杂的上了釉的陶瓷。其中一件带花纹的陶瓷达到了引人注目的装饰效果：橄榄绿色的釉形成大胆的植物图案，釉刮过的地方露出黄色黏土作地，地与图案形成鲜明对比。这种大陶器碎片，我们在哈喇浩特和东边的乡村民居（K.E）中都发现了不少。由此判断，它们大概是当地制造的。霍布森先生认为，数量很多的中国北部各种青瓷，包括产自春州和楚州的，可能是宋元时期的。而另一方面，少量几件瓷器大概是明代的。为数众多的玉珠子、玛瑙珠、光玉髓珠则没有装饰。铁制品包括一把匕首的残件；一把锯子；一把是铁刀；一块上了黑漆的木板，保存得很好，上面刻有汉字。

坐落在西城的似乎大部分是庙宇。它们大多只残留下来墙基或地基的轮廓，将图35中的照片和图32中的相应部分对照一下，我们就能看出这一点。但在北墙附近有一座大庙宇（K.K.I.i），墙仍很高，里面堆了不少瓦砾。从图40中可以看出，这座庙宽约32英尺，长50多英尺。南面是正面，南墙已经坍毁了。墙厚1.5英尺，

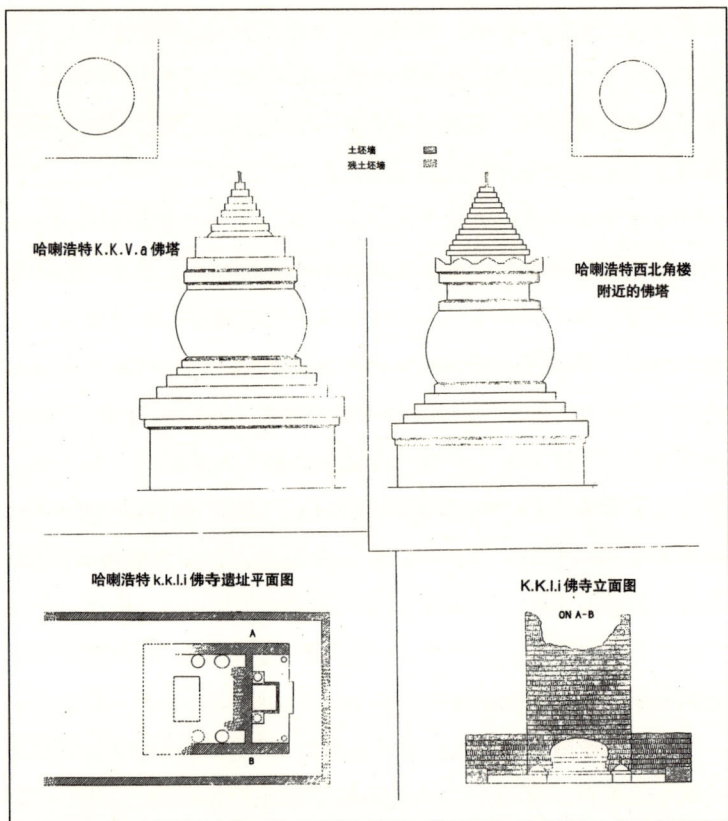

哈喇浩特K.K.V.a佛塔

哈喇浩特西北角楼
附近的佛塔

土坯墙
现土坯墙

哈喇浩特k.k.l.i佛寺遗址平面图

K.K.l.i佛寺立面图

ON A-B

图40 哈喇浩特佛寺和佛塔平面、立体图

用土坯筑成，土坯垂直放置，短边朝上。外围墙一律只有6~7英尺高，而佛龛背后的墙仍高达15英尺（这堵墙前面原来就是中央大塑像）。这表明，原来可能是用木头将屋顶支在围墙之上。如今只有木柱子的基部保留了下来，标示着粗大的木柱子的位置。

地板上的土坯、瓦砾堆了高4英尺多。把瓦砾清理掉后我们发现，前面提到的那堵大佛龛后面的高墙，两翼原来有侧墙，共同围成了两个佛龛。这两个佛龛背对背放置，一个在前，一个在后，都有放塑像的高平台。前面的平台面南，平台上有近期被挖过的迹象。佛龛里原来应该有中央大雕像的底座，如今底座已完全消失。在雕像原来位置的东边，我们发现了一枚中国铜钱，上面有熙宁（公元1068—1077）年号，大概是香客放在雕像的底座脚下还愿用的。大泥塑像肯定早已无存，但在瓦砾堆中我们发现了不少镀金的泥片，大概来自那座雕像。大雕像左右原来各有两个小雕像，仍可以辨认出它们的圆形莲花座。小雕像所立的平台有点像马蹄形状，这在千佛洞是很常见的。

内殿墙外有条通道，是为了人们进行右绕仪式而设的。沿着通道走，就到了北边那个较小的佛龛。在这里我们清理出了中央主雕像的底座（图40、41），底座上仍保留着彩绘植物图案的残迹。主雕像底座两侧各有一个小塑像的底座。平台前面还有两个圆形小底座，大概原来上面放的是守门天像。中央底座两边的那两个底座，仍保留着一些裹着芦苇的木棍，木棍原本是泥像的"骨架"。

我们在这里发现了大量精美而多样的雕塑残件，有的是泥雕，

图41　哈喇浩特城里的 K.K.I.i 庙宇背面的佛龛，残存着雕像底座

有的是陶雕。它们表明这里原来的装饰十分富丽，使我们对这座已完全成为废墟的庙宇更加感到遗憾。有几件小装饰泥雕，在题材和风格上，和焉耆附近的明屋寺院中的雕塑中楣，在细节上有惊奇的相似之处。我们找到的大泥像的残余部分有：一只巨大的脚朝前的部分；镀金的手指或脚趾，有的像真人的脚趾或手指一样大，有的则是巨大的；手；涂了颜料的前臂等。属于这些雕塑

图42　泥头饰

图43　小佛头

图44　佛手

的服装和装饰品的有：为数众多的镀金衣褶；镀了金的珠串的许多残件、珠串、带花的珠链子；垂饰；镀金头饰残件；状如宝石的装饰品。主佛冠似的泥头饰（图42）比较有趣，上面松松的发髻排列得很奇特。小佛头（图43）和精美的佛手（图44）都出自较小的雕像。

　　以下这些残件大概是泥浮雕的中楣：造像极佳的大笑胖和尚小像（图45）；鬼怪头（图46）；穿皮件的人物；带鞍子的马（图47）；镀金的铠甲残件。而这些木雕大概是某个装饰性布局的一部分：木雕首饰；佛塔状的尖木雕（图48）等。壁画则只发现了很小的残片。仍粘在墙的灰泥上的部分由于暴露在外，已完全被磨光了。

图45　大笑胖和尚小像

图46　鬼怪头

图47　带鞍子的马

图48　佛塔状木雕

　　一些画在丝绸上的画价值要更大些。它们可能和千佛洞的绢画一样，也是香客捐来的幡画。这些画是我们在主平台上发现的，大多数已经十分残破。在众多残片中，我们可以拼出一个男子的头部，画得特别有表现力。另一堆残片，可能属于一幅更大的画。

其中一块残片上，画着月亮的象征物，在千佛洞石室的大曼荼罗绘画顶部常能见到这个象征物。

有很多件精美的高浮雕彩陶，上了明亮的绿色釉。它们原来大概是装饰瓦屋顶的。除此之外，城里唯一出土了有价值文物的庙宇就是 K.K.I.ii。它位置很醒目，接近城的中心，坐落在从东门伸出来的那条大街的端点。它建在一块用土夯筑而成的高平台之上。平台长约82英尺，宽约63英尺（图39、49），东边原来还有通到平台上去的宽台阶。庙坍毁得很厉害，似乎曾多次被人挖过。庙的布局成三瓣形状。中间是个大厅，大厅西边对着台阶的是一个壁龛。大厅南面和北面各连着一个比壁龛要大的屋子。

壁龛的宽方向上都伸展着平台，平台上面以前肯定放置有雕像。在平台上，我们只发现了几件装饰在莲花座上的泥浮雕残件等物。主雕像大概是一尊坐佛。它底座两边的角落里都是瓦砾，瓦砾下却埋藏着有价值的东西。在南边的角落里，我们发现了约15张菩提纸页，上面是西夏文，还有大量小纸片。有几张菩提纸页上面是汉文，还有吐蕃文。此外，我们还发现了雕版印刷的小佛像等物。在北角里，我发现了一幅保存良好的小麻布画，上面细致地画着一尊坐佛像，着色的风格显示出藏族的影响。这幅画出自一幅大画边上，被有意割了下来，大概是作为还愿物献出来的。无疑，我们在南边角落里发现的那些粘在一起的纸页，也是作为还愿物保存起来的。

在 K.K.I.ii 以南约70码的地方，有三座小佛塔排成一排，矗

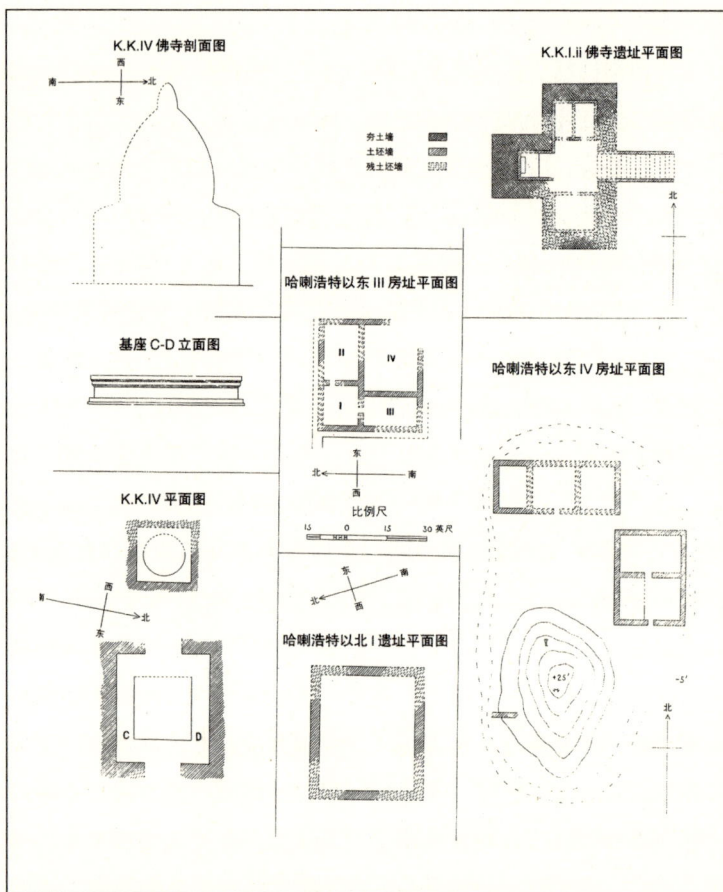

K.K.IV 佛寺剖面图

基座 C-D 立面图

K.K.IV 平面图

哈喇浩特以东 III 房址平面图

比例尺

K.K.I.ii 佛寺遗址平面图

哈喇浩特以东 IV 房址平面图

哈喇浩特以北 I 遗址平面图

夯土墙
土坯墙
残土坯墙

图49 哈喇浩特及其附近遗址略图

146

立在两座破庙废墟之间。佛塔都被人弄破了，破庙则有被火烧过的迹象。但在西边那座破庙 K.K.I.vii 不多的瓦砾中，我们发现了两块写有大汉字的木板。再往南是两个土台子，台子顶上的建筑大概是庙，但我们连建筑的轮廓都无法辨认出来了。

城内东南部似乎主要是萨拉依等建筑。有两个带围墙的院落，一个的围墙厚 20 多英尺，另一个的围墙也厚 10 多英尺。院里甚至连垃圾都没有。第二个院落东边连着一个半被沉重的流沙埋住的大正方形（约 50 码见方）。有迹象表明，人们本来是想用厚土墙把这个正方形围起来的。但我们只发现了厚 20 英尺的北墙，其余几个方向，只有薄得多的土坯残墙保留了下来。厚厚的北墙西端，挖出了一间小屋（K.K.I.viii），用来遮风避雨。

小屋中有一些沙子和碎土屑。清理过之后，我们发现了一件保存很好的汉文纸文书和一页保存完好的波斯文手稿。根据大英博物馆东方书籍和写本部提供给我的资料，这页波斯文手稿说的是该在什么时候举行穆斯林的各种祈祷仪式。它可能是 14 世纪早期的。

我们从其他资料已经得知，伊斯兰教很早就向东传播了，这页波斯文手稿证实了这一点。蒙古人入主中原后，中国才同信奉伊斯兰教的中亚和西亚国家发生了直接关系。但在那之前，这页手稿就通过商贸关系和教徒的宗教热情，被从中亚带到了中国。在此之前，我一看到哈喇浩特城西南角外的伊斯兰教圆顶坟墓就确信：当哈喇浩特的信徒们仍到佛教寺院里去的时候，这座城就

图50　哈喇浩特城墙的西北角及外边的佛塔，是从北方看到的景象

已经接纳穆斯林了。

　　另外几张朽坏严重的碎片也是在这里发现的。据劳佛博士说，它们是带"中统"年号（公元1260—1264年）的纸币——"中统"是元朝忽必烈汗的第一段统治时期。劳佛博士认为"这大概是现存最早的纸币"。

　　这个正方形院子南侧的土墙附近，在沙子上面露出了土坯墙，说明那里原来是屋子。离 K.K.I.viii 最近的那间屋子中的沙子已堆到了6~7英尺高，比东边屋子里的沙堆还要高。清理了最西边那间屋子后，我们只发现了秸秆和马粪，我也就没再往东继续挖下去，因为我手下那一小队懒散的蒙古挖掘工是根本不能胜任这个

任务的。萨拉依废墟后面堆在城墙脚下的流沙保护了这个遗址，谁又知道，这个遗址下会不会埋藏着中世纪旅行者留下的别的什么文物呢。

在描述城外的遗址之前，我有必要说一下建在西北角城墙顶上的4座佛塔。从图33、50中看得出，西北角棱堡上面那座佛塔几乎是完好无损的。在环顾整个废城的时候，我发现这座佛塔是极为醒目的。从图40中可以看出，佛塔矗立在18英尺见方的底座上，目前连底座在内近30英尺高。顶上中间现存的杆表明，原来的伞形塔顶上有个构件，矗立在13座伞形塔顶之上。现在那个构件已经掉下来了。本来，佛塔的原始样式中有个半球形的塔身。在这座佛塔中，半球形变成了稍微鼓出来的样子（城墙外的那些小佛塔也是这样），比例不太协调，使整座佛塔看起来有点矮胖，很像现在西藏常见的那种佛塔。塔用垂直放置的土坯筑成，土坯短边朝上，这个遗址的所有佛塔都是这种建筑方式。塔身上仍保留着厚厚的白灰。

这个角落的佛塔几乎没受什么损坏，但再往南的那座佛塔则只剩下了三层底座。位于北墙上平台末端（人们就是通过这个平台到角落那座大佛塔去的）的那两座较小的佛塔，也遭到了同样命运。

在这些毁坏的佛塔底座周围的瓦砾和碎石中，有为数极多的还愿用的小土佛塔。从它们的状况来看，似乎大佛塔被毁并没有多长时间。我们在城外的所有佛塔都观察到，这些小佛塔模型本来是成百地堆放在大佛塔底座顶上的空心鼓形中的。穿过大佛塔鼓起部分的那根木杆周围也堆了不少。我在锁阳城遗址的大佛塔，就看到过与这完全一样的大量小佛塔模型，那些还愿用的大佛塔也被人挖过。

这些还愿用的小佛塔可分成两类：一类底座完全照搬热瓦克大佛塔，最底部突出来，并有台阶；而另一类是圆锥形底座，上面用高浮雕雕着四层与模型类似的很小的佛塔。我们在锁阳城也发现了这两种小佛塔，大小也与它们完全一样。这表明，锁阳城和哈喇浩特遗址大概在同一时期有人住。两种小佛塔的圆顶和底座都大大不同于这两个遗址的真正的佛塔。这是因为，小佛塔作为还愿用的东西，出自古老得多的模式，而真正的建筑上的实践已经老早就背离那种古老模式了。把佛塔里面塞满小佛塔模型，这种谦恭而又省钱的做法，大概反映了一个古老的佛教传统。这种传统在印度已得到了证实：在皇族成员等人建的佛塔底下，塞上大量从以前的老佛塔中收集到的圣物。

第三节　哈喇浩特城外的遗址

我们最好从西北角附近的那组佛塔（图50）开始来说城外的遗址。这些佛塔很久以前就都被挖过。从形状和建筑方式来看，它们十分接近城墙顶上的佛塔。最北边那座是最大的，加上底座仍高约20英尺，但它已被挖开了一条豁口，完全对外敞开了。它南边有个平台，平台上有6座挨得很近的小佛塔。在大佛塔和那6座小佛塔中，我们发现了大量前面说过的那种还愿用的小佛塔模型。还有个浮雕小泥版，上面是一尊佛，坐在莲花座之上，笼罩在三瓣状的光环之中，左右各有一个支提。

大佛塔南边是三座单独组成一组朽坏得很厉害的小佛塔。在这三座小佛塔脚下，我们发现了更有价值的东西。仔细查找后，我们发现了一堆又一堆保存完好的纸页，它们出自不同的西夏文书（大多数是手写的，但也有一些是雕版印刷的，见图51），还有很大的吐蕃文菩提纸页（图52）。它们都埋在沙子中，和从佛塔上掉落的土坯碎屑掺杂在一起。我们发现，有几卷完整的纸团中是折叠起来的纸页，来自不同的菩提和书籍。这说明，这些一张一张的纸页原来也是香客捐献来放在佛塔底座中的，就像我在丹丹乌里克、喀达里克、安迪尔遗址看到的那样，后来被风刮到了背风的地方，先是流沙，然后是碎石将它们保存了下来。在把它们打成包裹的时候，我粗略统计了一下：完整的西夏文纸页共有100多张，吐蕃文纸页大约50张，还有大量残片。同这些手稿和印刷品掺杂在一起的，还有一些素描和图形。有几块蓝色丝绸上面画着莲花图案，大概是香客捐的一幅幡画的残片。

离城墙西北角不足100码的地方有一座小丘，本是一座佛塔，已完全坍毁了。小丘比砾石萨依只高出约10英尺，但仍残留着中间的木杆。小丘坡上布满了小土佛塔模型。在清理佛塔底座的北

图51　西夏文文书

下角时，我们发现了大量手写和印刷的西夏文、汉文纸页。吐蕃
文在这里则很少见，几乎都出现在西夏文和汉文纸页的背面。我
们还发现了一本印刷而成的汉文小书。还发现了彩绘丝绸幡画，
都画得很好，但由于暴露在外，已经褪色了。另外还发现了大
量丝绸织物残片，大概也是香客捐来的幡画的残片。其他东西中
值得一提的有一个长方形土泥版模型，上面是一尊造型很好的坐

图52 吐蕃文菩提纸页

佛像。

　　K.K.II 遗址与上面这些佛塔迥然不同，而且价值要大得多。在刚到哈喇浩特的时候，人们就告诉我，科兹洛夫上校1908年就是在那里发现了大量手稿、绘画和其他文物。它离哈喇浩特城西门约2弗隆，接近西边那条河床的岸边。从图53、54上可以看出，如今那里已是一片废墟。第一眼看时，我们只能分辨出来一个土坯筑成的平台。平台四边都是瓦砾和碎木头，中间掺杂着大小泥块。泥块原为彩绘，系泥塑像的一部分。坡上和布满砾石的平地上，到处都乱堆放着用木头和芦苇捆做成的架子。这些东西被丢下来后，长期暴露在外，受了不少损坏。暴露在外的纸文书和印刷品都已成了像毡子一样的碎片。但只需在瓦砾表面轻轻向下刮一下就会发现，地表瓦砾层底下的纸文书仍保存得很好。第一次探访这个遗址的那些探险者留给我们的，就是这样一个令人痛心的场面。我们足足用了一天半的时间，才仔细地把这个遗址清理了出来。

　　不管那些探险家采用的方法多么粗糙，我们仍希望他们拍下了还没被毁之前的建筑的照片，并画下了草图。但目前我手头没有任何载有这类照片和草图的出版物。所以，我想我应该把自己见到的关于建筑结构和建筑物内部结构的一点线索记录下来。前面提到的那块平台用土坯筑成，土坯垂直放置，短边朝上，哈喇浩特的所有建筑物都是如此。平台东部的那条边，中部向外突出1英尺，但我们并没有发现通向平台顶部的台阶的迹象。平台上原

图53　哈喇浩特被毁佛塔 K.K.II 的底座及泥塑碎片，是清理之前的情景

来有一个圆形建筑物，直径大致为13英尺。建筑物的围墙只剩下很短的一截，高约2.5英尺，可以看出原来墙的宽度为3英尺6英寸。从这一小段围墙上，看不出原来支在墙上的屋顶是什么形状。

　　但即便原来的圆顶只是个半球形，建筑物内已经有足够的空间，可以在中间放比真人还要大得多的立姿或坐姿塑像了。据说

图54　哈喇浩特被毁的佛塔 K.K.II 底座坡上的瓦砾

科兹洛夫上校在这里工作时，除了自己带的哥萨克人，他还雇了8个蒙古人，沙比尔就是其中之一。沙比尔告诉我们，在这个建筑物里，至少有一尊比真人大得多的塑像，周围还有大量较小的雕像。我们在瓦砾堆中发现了一尊巨大泥像的头部，还有一些类似真人大小的泥塑残件。这些都证实了沙比尔的说法。沙比尔还说，泥塑之间的所有空地，都塞满了书、画、小塑像等物。科兹洛夫上校的那份简短报告中提到了为数众多的书籍、崇拜物等，可以证实沙比尔的说法是真实的。我们还在瓦砾堆里找到了大量文物，那是科兹洛夫上校在那次探险中丢弃的。据沙比尔说，当时这座建筑物几乎是完好无损的。他们没有看到什么入口，却发现顶上有个洞。

从科兹洛夫上校的探险报告中我们知道，那些探险者对建筑物进行了粗略"清理"之后，留在原地的塑像都变成了什么样子。他们在建筑物中发现了一架骨骸，说明那里无疑是个用作坟墓的佛塔。但我还不敢说，科兹洛夫上校的记录就足以证明那些泥塑、绘画和其他圣物是在同一时间放进去的。俄国探险家把这个遗址用蒙古语称作苏布尔干。这个苏布尔干里面，可能一开始就是用来放东西的。如果是那样，它就是很有益的一个例子。因为，据我所知，这种做法迄今为止还没有被明确的考古学证据所证实。但哈喇浩特和锁阳城的其他佛塔中，也都堆放着香客捐来的小佛塔模型，可以算作是和这座大佛塔差不多的情况。

科兹洛夫上校拍的一张照片，是这个苏布尔干被打开并被夷为平地之前的情况。从照片上无法对建筑物进行精确测量。但我们可以看出，建筑物底下是一个三层底座，带有大胆地突出来的檐口。上面的鼓形部分为圆形，圆鼓之上是个圆锥形的顶。总体来讲，这座佛塔与哈喇浩特遗址的其他佛塔很不相同。它的某些方面，使我联想到在罕萨的托尔看到的佛塔遗址，西藏也有那样的佛塔。

那些丰富的文物都被运到了俄国科学院亚洲博物馆。只有对它们进行全面分析后，我们才能正确地估计出这个大宝藏的年代、范围和真正价值。在这里，我可以简单地说一下，我们在科兹洛夫上校这位幸运的探险家不要的"废物"中，发现了文书和其他文物。研究一下这些东西，将有助于我们了解这个宝藏的整体性质，并有助于澄清和整个哈喇浩特遗址有关的考古学问题。

首先值得注意的是，在此出土的文书中，西夏文文书居绝大多数。在把它们交给学者们研究之前，我统计了一下，如果不算小残片，手写的西夏文文书总共有1 100多件，雕版印刷的西夏文文书有300多件（大多数内容可能与佛教有关）；而汉文文书手写的有59件，雕版印刷的有19件。与此形成鲜明对比的是，哈喇浩特城里发现的西夏文文书与汉文文书相比却很少。假设城里和这里的文物大致属于同一时期，我们就可以得出这样的结论：在处理世俗事务时，即便在唐古特王朝统治之下，汉文也比唐古特统治者们所喜欢的"国语"和字体要流行。在 K.K.II 发现的吐蕃文文书是极少的，单子中只开列了19张完整的纸页，而从K.K.V 却发现了大量吐蕃文文书。这一点当然也是值得注意的。K.K.II.0234.k 是一页双语文书残片（图55），上面写有西夏文和吐蕃文。在存于彼得格勒的资料中，有完整的这种双语文书，希望它们会促进对西夏语的研究。回鹘文文书只有一件，而婆罗米文—汉文双语文书则有两件（见 K.K.II.0293.a，图56）。

图55　西夏文—吐蕃文双语文书残片

　　下面这个事实在古文字学上有些价值，那就是所有的西夏文文书和汉文文书，不论是手写的还是印刷的，几乎都是长方形，成书籍的形状。这起源于那种把纸页安排成手风琴形状的做法，这种做法的代表就是出自千佛洞石室的后期汉文手稿。从宋朝初年开始，雕版印刷的文学作品一般都采取这种样式。成纸卷轴样式的西夏文和汉文文书只有20多件，而整个唐朝都流行的是这种纸卷轴样式。这些卷轴保留了古代的做法，正如有几件书写在丝

图56　婆罗米文—汉文双语文书

绸上的西夏文手稿，也是沿袭了极为久远的中国做法一样。最后，我还要简单说一下在废墟中发现的大量文书碎片，它们都被撕成了极小的纸片。很难说这只是因为不小心挖掘造成的结果。我们可不可以作出这样的假设：之所以有这么多碎片保留下来，是出于一种半宗教上的传统，按照这种传统，一切文字都应该保留下来，不管字迹已经多么模糊，也不管纸张已经受了多大损坏。现在中国就有一种做法，把街上、商店等地的所有"废纸"都细心地放在专门设置的箱里，打算将来煞有介事地付之一炬。这大概和前面说的传统是类似的。

在这个废墟中，出土了大量有艺术价值或工艺价值的东西。但前面说过，它们几乎都遭受了严重的破坏，有的是在这个佛塔以前被清理并被夷为平地时受的破坏，有的则由于后来长期暴露在外受到了损伤。但我仍然应该简单介绍一下它们。从中我们可以看出，科兹洛夫上校在这里带走的那些很有价值的文物，应该得到充分的研究，并应该全部出版。我们在这里发现了大量泥塑残件，说明在这个有限的拱形空间里，放置了各种大大小小的雕塑。

我们发现了大量绘着画的灰泥残片，说明原来建筑物墙上装饰着壁画。此外，还发现了不少绢画残件，因暴露在外多少都受到了损坏。但无疑，在布局和整体风格上，它们十分接近我在千佛洞发现的大量幡画。

表现佛教神祇和其他圣物的雕版印刷品为数则要多得多。它们或者是以插图的形式出现在雕版印刷的西夏文书籍中，或者是独立的画。它们一方面由于最初对这个大宝藏的"清理"，另一方面由于后来暴露在外，都受到了损坏。尽管如此，它们都是非常有价值的。宋朝的这些数量很多的雕版印刷插图都有丰富的装饰性细节。对于研究中国西北边陲的木刻史而言，它们至关重要。同时，从中我们也可以看出，在敦煌千佛洞那些年代最晚的雕版印刷插图之后，当地佛教艺术经历了怎样的发展过程。

在这些雕版印刷的绘画中，有几幅较大的作品，都已经程度不同地残破了。但数量更多的是表现成群的佛或菩萨的雕版印刷品，它们出现在文书中，就像中世纪欧洲宗教性质的手稿中的小插图一样。许多用来把纵行的西夏文框起来的装饰性图案，或者将单个人物分开的图案，尽管刻得比较粗糙，却是很优美的。有些雕版印刷品上明显可以看出西藏的影响。而某些千佛洞绘画中也表明，几个世纪之前，这个边陲地区的佛教艺术就受到了西藏的影响。

我们还发现了用蘸水笔和墨画的素描作品，但数量不多。其中，有些是一气呵成的速写，十分有生气，完全是中国风格。有两幅分别是粗略画成的石谷和岩石之间长着的成排的树，这类画使我们对宋朝的风景画略见一斑。我们还发现了几幅用针刺成的画，用作印花粉印的图样。敦煌千佛洞也有这样的图样。我们十分希望，出自这个大宝藏并被运往俄国科学院亚洲博物馆的那些保存得要好得多的绘画，能大量出版，使研究者们都能看到。

最后我要说一下数量很多的丝织品。除了不同颜色的素绸，丝织品中有一些可能是幡的一部分，或者是香客捐来的；一些印花绸，有的是用防染工艺制成，有的用模块印成。一条缝饰过的绸带子，用镀了金的绸子缝出精美的龙形图案，很可能是千佛洞那种手稿封面的一部分。我们可以把这些种类繁多的丝织品同出自千佛洞石室的相应丝织品对照，大概能得出些有趣的结论。

上面我概述了我们发现的文物，它们都是那些俄国探险家没有带走的。现在我应该说一下这个奇异的宝藏所属的年代。显然，要想对此得出明确结论，必须从存于彼得格勒亚洲博物馆的那些数量多得多、保存得也更好的文物着手。下文说到的《成吉思汗史》中称，蒙古人于公元1226年攻陷额济纳城，西夏国后来就灭亡了。考虑到这个因素，再考虑到这里的文书和艺术品的整体特征，我认为，公元13世纪的前25年是这个宝藏的年代下限，那之后是不会再有这样一个地方的。另一方面，这里的西夏文文书居多，而西夏文是公元1032年才由唐古特统治者李元昊引入的，这说明宝藏的上限不会早于公元11世纪下半叶。我希望人们会在彼得格勒藏品中发现有纪年的文书，从而把时间范围在这两个上下限之间缩得更小。

从图53中可以看出，K.K.II附近有一些小废墟。东边的废墟只剩下了一块土坯筑成的平台，平台上面是一个已完全坍毁的建筑物的少量残余，建筑物的性质已无法分辨。K.K.II南边有个小土丘，挖掘之后我们发现，土丘下只有一圈朽坏得很厉害的长方形土坯墙。长方形围墙里面都是粗沙和砾石，没有发现任何东西。这个建筑物大概是K.K.II的僧侣们住的地方。

现在城墙外边不远处的遗址只剩下一个没没了，它就是圆顶建筑K.K.VI（图57、58）。它坐落在城西南角的棱堡西南方约30码的地方。北侧的一部分圆顶坍了下来，但建筑仍保持着原来的高度（约23英尺）。除了坍下来的部分圆顶和侧墙上的轻微损坏之处，建筑几乎是完好的，里面墙壁上仍保留着原来的粉刷，东

图57 哈喇浩特的伊斯兰墓葬遗址 K.K.VI，从北方看到

图58 哈喇浩特的伊斯兰墓葬遗址 K.K.VI 的正面（朝东）

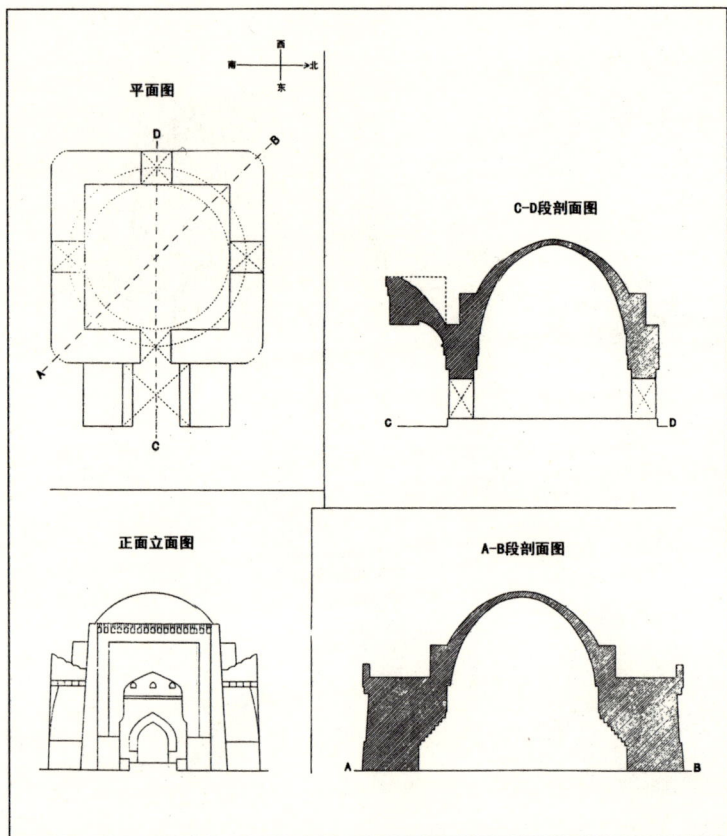

图 59　哈喇浩特外的伊斯兰墓葬遗址图

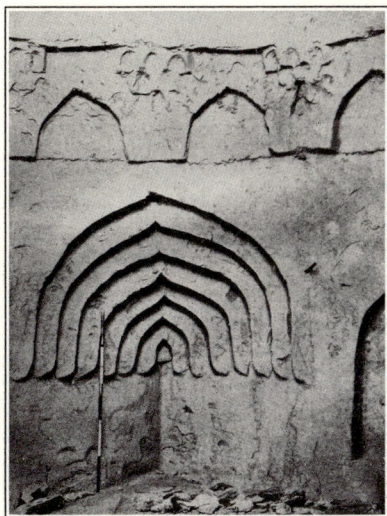

图60　哈喇浩特的
K.K.Ⅵ 号圆顶伊斯
兰墓葬里的一角

墙的外面也保留着部分粉刷。从图59中看得出，建筑物里面有一
个18.5英尺见方的圆顶大厅，向东伸出来一个穹庐顶的门厅。建
筑物里面四个角都是带尖的拱顶，并都有一组突出在外的小龛（图
60）。这样，本来是方形的大厅就成了八边形。大厅顶上也是一溜
龛，上面支撑着高高的圆顶。门厅的穹庐顶在建筑结构上也是
这样布局。门厅的侧墙向外倾斜，因而门厅正面显得特别结实
厚重。外面，围着方形大厅的墙的四角，做成了半圆形的护墙。
护墙也是朝外倾斜的，使整个建筑物显得特别坚固。关于建筑上的其他细节，可参见图59中的正面图和剖面图。建筑物用土坯筑成，土坯横向放置，这种土坯放置法与哈喇浩特遗址的其他建筑都不同。

这座建筑物在设计、用途和建筑方法上，都完全是西式的，显系一座伊斯兰墓葬。虽然该建筑的风格是伊斯兰教式，但只有比我更有资格的专家才能判断出从建筑风格的细节上能否看出它的年代。建筑物里面一无所有，但粉刷过的地面和墙上都有孔洞，说明"寻宝人"也来过这里。我们从马可·波罗对唐古特的描述中可以看出，到公元13世纪末叶，蒙古人不仅完全统治了这些地区，也完全控制了中国的其余部分。那时，佛教无疑是占绝对统治地位的，但西北边陲的人口中也有伊斯兰教徒。马可·波罗就是把这一时期的哈喇浩特称为额济纳城的。我认为，这座墓葬应该就是建于那一时期，即哈喇浩特历史的后期。我们不必费心猜想，这座坟墓中原来埋的是什么人的骸骨，是当地某个信伊斯兰教的高官显贵，还是路过这里的某个富有的商人或其他旅客。但这个人的安息之所，大概是中国西部现存的最古老的伊斯兰风格的建筑，这样说大概不会有太大差错。

在城墙东北角的东北方约0.75英里的地方，有座小佛塔吸引了我们的注意（图61）。他的形状和其他佛塔都不大一样，看起来没有太多的西藏风格。它底下是个11英尺见方的底座，底座上是一个高约15英尺的逐渐变细的圆顶。圆顶上是一个方形构件，它上面原来大概是一组伞盖。底座的西面和圆顶曾被人挖过。瓦砾

图61　哈喇浩特的废庙和佛塔 K.K.IV

坡上有一层厚厚的小佛塔模型。

　　在这座佛塔东边有一座土丘，上面布满了砾石和半筒形瓦当碎片。清理之后，我们发现它底下是一座小庙遗址。保存最好的厅墙，只剩下离地面2英尺高的残墙了。南墙上残留着一部分精美的壁画，其中保存最好的一幅画表现的是一片森林的场景，有树、山、小溪流，还有两个正在蹚过溪流的人。我们剥下来的壁画残片目前还没有装裱起来，所以我现在还说不出什么细节。内厅中间是个放塑像的平台，上面有个比例设计得很好的圆柱子的底部。部分平台仍高达2英尺。平台上原来放置的塑像，现在只保留下一些残片。残片主要是富丽的彩绘衣物和装饰性细节，大多数都镀了金。手稿残件约有10件，写的都是汉文。壁画风格也完全是中国式的，佛塔也没有表现出来自西藏的影响。

除了上面说的那些遗址，在城墙和两条河床之间的地面上，只有两座已完全夷为平地的小佛塔，是我们在去 K.K.IV 的途中见过的那种当地常见的类型。城南边和西南边有几条土坯构成的小土丘，原来上面大概是有佛塔的。城的东门外有墙的少量残迹，构成一个小郊区，可能本是营房。在瓦砾之间我们仍能分辨出一条路，它从东边的干涸河床过来，穿过了郊区。那里有大量陶瓷碎片，和在城里垃圾堆中发现的属于同一类型。除此之外，光秃秃的砾石平地上再没有古人留下的遗迹了。

第四节　乡村居民点和额济纳城

5月26日一到哈喇浩特，我就派阿弗拉兹·古尔出去勘察，之后的两天他都在忙于这项工作。他在城址以东的红柳沙堆中发现了民居遗址，还有其他迹象说明以前曾有人在那里住过。那个居民点从南—南西到北—北东延伸了6英里。阿弗拉兹·古尔带回来一些古钱币，还有陶瓷碎片以及一些属于塔提类型的小物件。它们表明，这些遗址大致与哈喇浩特城属于同一时期。居民点东北及两条河床之间的地面上是光秃秃的砾石，还有几座沙丘。在那块地面上，他只发现了一个长方形的小院落。院落离 K.K.IV 约1.5英里，围墙用哈喇浩特常见的那种土坯筑成。我们还无法确定它的性质。亲自到那里后我注意到，那里几乎没有一块陶瓷碎片。它的东北方似乎是一条古代水渠的堤坝。

6月1日，我用了一整天时间考察阿弗拉兹·古尔勘察到的遗址，所幸当天没有什么沙暴来干扰我的工作。我们从哈喇浩特城出发向东北走，穿过东边那条干涸的河床。河床的部分地方有小红柳沙堆，但河道还是很清晰的。穿过河床之后，我们很快来到了布满陶瓷碎片的地面上（陶瓷碎片是长期有人住的标志）。我们发现了两条水渠的迹象，水渠顶部宽约10英尺。水渠向北—北西方向延伸过去，说明水渠中原来的水来自南边，而不是来自我们穿过的那条河道。接着，我们向东又走了2英里，穿过一条沙丘带。沙丘高30~40英尺，走向和河道平行。塔克拉玛干沙漠中干涸河道两边的达坂（即沙丘）都是遵循这条规律的。

过了沙丘带后，目之所及的地面上都是红柳沙堆。有的沙堆分布得比较密集，有的则很稀疏。只有几条短短的沙丘，也只有几块开阔沙地。整个景象使我清晰地想起了达玛沟以北乌尊塔提和阿琪玛之间的地面（我曾多次到过那里，那里现在看起来是沙漠，但以前曾是繁盛的居民点）。我们刚把河边的达坂甩在身后，就来到了为数众多的民居中的第一个。民居有的很小，有的却很大，散布在广阔的地面上，无疑以前曾是农舍和住家。第一个民居位于 K.K.II 的东面（图62），它虽然不大，却很能代表大部分古民居。它位于一个大红柳沙堆边上。沙堆边上出现了一个中等大

图62　哈喇浩特附近的古民居 K.K.II 遗址，已半被红柳沙堆埋住

小的屋子的墙，用土块筑成。土块放置得很规则，大小也非常一致。每四层土块之间出现一层芦苇。墙基很厚，看起来像是用大麻席制成的。

屋子前面的地面由于没有红柳根固定住细沙的保护，被风蚀作用切削得比墙基低了5~6英尺。一块块的开阔地面上，到处是

图63　哈喇浩特附近的古民居 K.K.IV

3～5英尺高的小雅丹。它们不像楼兰地区的雅丹那样排列紧密，但从中也能看出风蚀作用的影响。雅丹的大致走向为西北—东南，昭示了盛行风的风向。

东边约4英里的距离内，零星分布着一些民居。大多比第一个民居大，但建筑特点是一样的，所在的地面状况也与之类似。因此，我就没必要仔细描述每一个民居了。在保存较好的民居中，房间数量很多，说明当时乡村生活已达到了非常舒适的水平，我在甘肃看到的中国农村民居一般都是如此。大多数民居旁仍有死榆树的树干和其他人工种植的树木（见图63）。从民居规则的布局、民居旁栽的树，以及大量质量较高的陶瓷碎片（其中不少上了釉）来看，我得出了这样的结论：这个一度兴旺的乡村居民点中，住的肯定主要是汉人。

我们向 K.K.VI 东北勘察了几英里远，一直走到了古代居民区在那个方向的尽头。之后，我们又向东走。越往前走我就越深信，这里住的确实主要是汉人。K.K.VIII～X 坐落在比较开阔的地面上。但地面几乎没有受到风蚀作用的影响，上面还长着大量活灌木，说明离地表不远的地方肯定有地下水。在这块地面上，我们仍能分辨出平坦的大田地的长方形轮廓线，以及把水引进田地中的小水沟。我们发现了两个八边形的石头碌子，如今南边绿洲中的中国农民仍用这种碌子把田地碾平。但在发现它们之前，我就已确信：开垦这片土地的人们，用的完全是中国式的农作方法。要不是所有民居中都发现了一样的陶瓷碎片，在 K.K.IX、X 附近还发现了古钱币，我真是难以相信，这些田地、农舍和附近风蚀地面上的遗址以及哈喇浩特城一样，早在多少个世纪前就被放弃，交付给沙漠了。在我们发现的8枚古钱币中，4枚是宋代的，2枚有"五铢"字样，1枚有"开元"年号[1]。

这些遗址没有被红柳沙堆盖住的残墙里，只有很少的流沙。我们没有发现任何家具、屋顶的梁子和椽子等，说明这个居民点全部或部分地废弃后，有人长期利用了这里的废墟。大民居K.K.XIV（图64）的情况也是这样的。它有很多房间，环绕在一个带围墙的院落的三面，外面还有一圈大围墙，看起来十分引人注目。一部分外围墙被埋在了附近一条高约30英尺的大红柳沙堆的斜坡中。光是沙堆的高度就足以说明，这个民居已经废弃了极长时间了。我们四处寻找能提供年代线索的垃圾堆，但一无所获。跟我们来的那些蒙古人说，大概曾有座废庙和这个民居相连，但他们却无法指出庙在什么地方。

---

1 第八枚古钱上面是嘉庆年号，这使我当时感到迷惑不解。但后来我在高台偶然得知，尽管高台绿洲比较肥沃，却没有拓展的余地了，无法缓解不断增长的人口带来的压力。为此，高台的农民计划重新开垦哈喇浩特（即他们所说的黑城）以东的这片农田。他们仔细查看了这片土地，并认为，如果有足够多的人参与这项计划，就能修成一条水渠，再一次把水从玉木拿河引过来。这枚嘉庆钱币大概是某个高台农民遗落的，也可能是某个来到这个古代居民点的人丢下来的。

我们带来的蒙古人也知道这个居民点。但他们一口咬定，自从他们的土尔扈特祖先几百年前来到黑河放牧以来，从来没人试图重新开垦这些田地。

图 64　哈喇浩特附近的古民居 K.K.XIV

　　我们从这个民居向西南走，穿过了一系列小山岭，山岭上面覆盖着高大的红柳沙堆。山岭之间是砾石地面，地面上有很多哈喇浩特城里发现的那种陶瓷碎片。在离 K.K.XIV 约3英里的地方，我们又一次来到了开阔地面。由于时间已晚，我无法去探访另外的五座民居 K.K.XV~XIX。阿弗拉兹·古尔说它们位于这里的东南方，排成一线。根据他的详细描述，它们都已严重坍毁，周围都是旧陶瓷碎片。他曾两次穿过了一条向东延伸的小水渠，还发现了上面说过的那种石碌子以及手动的石磨。他在遗址南部共发现了7枚古钱币，除了2枚还没有辨识出来，其余的都是宋代的。我本人在回到哈喇浩特的途中，走的是一条更朝西的路线。我们遇到了一条保存很好的水渠，没费什么力气就沿着水渠在光秃秃的平地上走了0.5英里。水渠两条堤坝顶部之间宽10英尺，堤坝比附近的平地高出5英尺，堤坝之间深3英尺。水渠呈西—南西到东—北东走向，但在我们离开水渠的地方，它折向了西边。这表明，它来自我们在哈喇浩特东南穿过的那条河床。

我们在K.K这个已废弃的居民点捡到了很多小东西。其中最有价值的大概就是为数众多的精美陶器了。陶器中上釉的居多，和哈喇浩特城中的陶器属于同一类型。最有代表性的是那些带装饰性图案的陶器（图案主要是植物）。人们先是把整个陶罐等的表面都涂上一层浓重的棕色或发绿的釉，然后对釉进行刮除处理，没刮掉的釉就形成了图案。釉被刮去的地方露出原来的黄色陶胎，为图案提供了背景，使图案显得很鲜明。

我们在描述民居K.K.Ⅸ、Ⅹ时就已提到了钱币学上的证据。在这个居民点的其他地点发现的古钱币，也与那面的年代结论吻合。在全部17枚古钱币中，有11枚属宋代，钱币上所镌年号的时间范围是分属公元1017—1022年和公元1086—1094年。剩下的有两枚是五铢钱，两枚上面有"开元"年号，最后一枚就是上面说到的嘉庆钱币。还有一枚不是中国发行的铜钱，迄今为止还没有辨识出来到底是什么钱。因此，从居民点的钱币中直接得出的年代上的结论，和哈喇浩特废城里面及其附近地方发现的钱的时间线索是一样的。

同时，发现了这个广大的乡村居民点，这对于澄清哈喇浩特城遗址的年代问题，是十分重要的。到此我们再没有任何怀疑了：哈喇浩特就是马可·波罗说的额济纳城。那位伟大的威尼斯旅行家是这样描述额济纳城的：

离开甘比楚（即甘州）后，骑马走12天，就到了一座叫额济纳的城市。它位于沙漠北边上，属于唐古特省。那里的居民是偶像崇拜者，拥有很多骆驼、牛马，乡间还大量出产很好的鹰。居民靠种地、放牛马为生，不从事商业。在这座城里，你必须准备好40天的食物。因为，离开额济纳城后，你向北就进入了一片沙漠，需要走上40天，沙漠里既没有人居住，也没有中途休息吃东西的地方。穿过沙漠后，就来到了北边的某个省。

在他游记的下一章中，说那个省的"省会"位于"卡拉克伦"，即坐落在鄂尔浑河河边的蒙古旧都哈喇和林（简称和林，在今乌兰巴托附近——译者）。

亨利·尤尔爵士认为，额济纳城应该坐落在从甘州流过来的那条河上，以前，欧洲学者们根据中国古代地图，把这条河叫额济纳河。尤尔爵士之所以得出这样的结论，是因为高比尔《成吉思汗史》称，公元1226年成吉思汗在最后一次发起对唐古特王朝的进攻刚开始，就占领了额济纳。元代的汉文史书提到了伊济内湖，并有文献记载伊济内湖附近有座古城遗址，还有一条从伊济内到哈喇和林的古道遗迹。科尔迪耶教授修订了尤尔爵士的巨著，他也同样认为，额济纳位于黑水之上，因为蒙古人把黑水称作额济纳。一旦得知科兹洛夫上校发现了哈喇浩特城，他马上认定，哈喇浩特就是马可·波罗说的额济纳城。

但如果我们的证据仅限于在哈喇浩特城里发现的文物和观察到的现象，就仍然会对哈喇浩特是不是额济纳城心存疑问。首先，在哈喇浩特城发现的大量文书都是西夏文，说明文书属于西夏国（或唐古特国）统治时期，而在马可·波罗到达忽必烈汗的皇宫之前50年，西夏国就已经灭亡了。而另一方面，并没有什么明确的证据能说明，哈喇浩特安然承受住了蒙古人的入侵。就是那次入侵，结束了西夏国的统治。其二，考虑到现在整个黑河下游的自然条件，加上废城附近又没有任何农耕的痕迹，现在到哈喇浩特来的人都会得出这样的结论：哈喇浩特城附近从来也不曾有农业。但马可·波罗的描述告诉我们，那里的居民靠种地、放牧牛马为生，不从事商业。

本来，看了城墙外的地面后，再考虑到现在的黑河三角洲没有任何农耕区这一事实，我们会产生疑问。但在城东边较远的地方发现了乡村居民点遗址后，疑虑就消除了。何况，所有地形上的事实都表明，马可·波罗的描述是准确的。他说，从甘比楚出发，骑马走12天就会到额济纳城。而我们在从哈喇浩特直接到甘州时，路码表显示的距离是278英里，和马可·波罗的数字十分吻合。如果沿甘州河河道走将会方便得多，总距离只会增加约16英里，骑马走12天也可以轻松到达。看一下我们的地图，再对照一下科兹洛夫上校在黑河终端湖泊以北的考察情况就会发现，马可·波罗说额济纳城位于沙漠北边上，是完全正确的。即便在哈喇浩特没有出土西夏文文书，从地理学上也可以推知额济纳城属于唐古特省。至于说当地居民都是偶像崇拜者（即佛教徒），我们在哈喇浩特遗址同样发现了令人信服的证据。马可·波罗称当地人拥有大量骆驼和牛马，现在黑河三角洲的蒙古人就有大群牛马，我们在那里也遇到了成群的骆驼。至于马可·波罗说的当地产鹰，遗憾的是我没有询问当地人这件事。显然，人们在狩猎时有很多时候需要用到鹰。

从马可·波罗的记录中可以看出，在马可·波罗的时代（可能在那之前也是如此），额济纳城之所以很重要，是因为它是从甘州或肃州出发到蒙古心脏地带去的商队能获取物资的最后一个地点。看一下地图就会知道，黑河尾水沿岸的那条道路，几乎沿直线穿过阿尔泰地区，朝艾尔得尼索（即哈喇和林）延伸而去，然后继续向加克赫塔延伸，并在那里同从北京过来的西伯利亚大商道会合在一起。沿这条道到哈喇和林的旅行者，过了额济纳城后不会再遇到农耕区。马可·波罗说的"沙漠里既没有人居住，也没有中途休息吃东西的地方"，这个说法也是正确的。

马可·波罗对北边40天行程的沙漠的描述，和我们现在知道的阿尔泰地区的情况十分一致。我们不妨引用一下这段文字，以此表明，马可·波罗对穿过额济纳城的那条道路的描述是何等准确。他说，在那片沙漠上，"夏天你的确会碰到人，但冬天时天气是极为寒冷的。你还会遇到野兽（因为那里有一些零星的小松树），以及不少野驴"。考虑到他对到额济纳城的那条道的描述也极为准确，再加上上面这段关于哈喇和林的文字，我们猜想，这些情况大概是他本人亲眼观察到的。尤尔爵士所采纳的那个版本中说，马非欧和马可·波罗曾为完成某项使命在甘州待了一年。我认为，尽管路途遥远，马可·波罗仍找机会抽出时间到蒙古旧都哈喇和林去了一趟。这样就可以解释，为什么马可·波罗单单会特别提到额济纳城这个不太起眼的城市。

哈喇浩特城以及以哈喇浩特为宗教和防卫中心的居民区，是在马可·波罗来过之后多久被放弃的呢？目前凭我手头的资料，还无法对这个问题作出明确回答。很可能在存于彼得格勒的那些丰富得多的资料中会有一些线索，让我们知道，这个长期有人居住的遗址，在时间上的下限究竟是什么时候。关于哈喇浩特的被弃，我只能提出两个可能的原因。其一，蒙古人建立的元朝灭亡之后，这个由热爱和平的中国垦殖者构成的孤立的居民区，就处于不安全的处境中。明朝确立了自己的大幅度收缩政策，保护甘肃边陲不受敌人袭掠的范围，就到不了像额济纳城这么偏远的地方了。而在唐古特王朝和后来的元朝，额济纳城是在国家的保卫范围之内的。其二，由于同样的原因，沿黑河向北延伸的道路，一定在重要性上大打了折扣，甚至被完全废弃了，正如已被废弃了数百年的穿越罗布沙漠的道路一样。

在黑河土尔扈特部中，流传着一个传说，说的是哈喇浩特城是如何被围并最终毁灭的。科兹洛夫上校在他关于自己旅行的先期报告中，长篇累牍地叙述了这个故事。从各方面看，这个故事都像一个民间传说。其中的某些细节，比如说被围困的国王最终从墙上的一个豁口逃出，并把自己巨大的财富都埋在附近的一口井中[1]。这些故事是由遗址的某些细节上的特点引发的，这些特点特别容易激发普通百姓的想象力。而土尔扈特人自己说，在他们400多年前从准噶尔第一次迁徙到黑河地区时，这个遗址就已经是现在的样子了。从中我们看出，很难说这个传说有什么历史价值。但有一点是值得注意的：这个传说正确反映了一个决定性因素。即使不是这个因素决定了遗址被放弃，它也一定制止了人们重新居住在这里，并重新开垦以前的那些耕地。

传说中称："围城的帝国军队无法攻陷哈喇浩特，就决定切断城的水源。"为达到这个目的，他们用沙袋堵住原来的河道，迫

1　据说，哈喇浩特的最后一任国王哈喇将军在攫取王位的时候，导致中国军队毁了这座城。这似乎是把地名当作人名了。蒙古人在提到哈喇浩特的时候，很可能在地名后面加上一个中国称号"将军"。

使河流改道。据说，在近代，人们还发现了这类沙袋的残件。我们带来的那些蒙古人告诉我们，旧河道始于包尔加苏。但在回途中，我们在包尔加苏附近并没有明确地找到那条旧河道开始的地方。尽管如此，考虑到我们在黑河沿岸看到的情况，以及在塔克拉玛干沙漠南边几乎所有的被废遗址获得的经验，很有可能这个遗址的被废也和水源上的困难有很大关系。当然，情况并不像传说中所描述的那样。在围城的时候，即使是人工使河床改道，也不会使城内的地下水位迅速大幅度下降，所以城里的井还是能用的。但可以肯定的是，黑河从经过哈喇浩特的旧河床，改到了现在玉木拿河所在的河道，一定会切断农田以前的灌溉水源。这些农田离哈喇浩特以东平均有6英里，最近的地方离现在的河道也有14英里。显然，农田原来的灌溉用水，是用水渠从黑河引过来的。在哈喇浩特仍能清晰地看见这种水渠，拉尔·辛格还沿水渠向东南方追踪了5英里。

河道发生的这种变化，一定会威胁到三角洲地区的所有水渠。如果河流改道已严重影响到流入渠中的水量，而当时的居民又想不出什么办法来对付这一困难，先前的农田就会被逐渐废弃。要想证实在哈喇浩特以东的居民区是不是真的发生了这一变化，就必须极为仔细地考察一下保留下来的所有古代水渠的遗迹。如今已接近夏季，时间很紧迫，所以我们无法完成这一任务。但即便我们有时间进行考察，考察结果也不足以完全排除另一种迫使人们放弃一个居住区的因素。在黑河三角洲这样干旱的地方，这个因素更会发挥决定性作用。我指的是整体或局部地区的干旱化。

在黑河沿岸和黑河三角洲观察到的现象，都给我留下这样一种印象：干旱化（在这里指的是黑河水量的减少），大概在造成古代居民区今天的状况时，发挥了重要作用。它也许并不是废弃居民区的唯一原因或最直接的原因。但肯定是因为干旱化才没有人重新居住在这里，也没人重新开垦以前的那些耕地（我认为，现在是可以成功地重新开垦那些耕地的）。就维持水渠来说，上游150多英里的毛目绿洲的地面状况比这里要优越得多。但即便在那里，过去几年间人们也经历了严峻的困难，无法在春天较早的时候就使水渠中有足够的水。许多曾是耕种区的地方，似乎在近期被废弃了。

5月我们在毛目绿洲下游发现，黑河河床几乎是干涸的，据说已经有几个春天都是这样了。再往下，黑河三角洲最东边的那条支流依和高勒河，在过去的三年里，即便在夏季泛滥的时候也是没有水的。我们沿着依和高勒河往回走时，一直到6月12日，才在大堡第一次遇到了流水，水只占河道宽度的1/15，流量不到200立方英尺／秒。这预示着夏季的洪流就要来到了。蒙古人看到这些水都欢呼雀跃，他们说过去几年里，在三角洲的任何一条支流中，都要等到这之后一个月才会有水的。这里的农田都是依靠灌溉的。在哈喇浩特和其他地点，所有庄稼要想生长，水渠中春季就必须有足够的水。现在，黑河三角洲的任何地方都无法保证这样的水量了。我们也不能以为，从前春季缺水的状况可以通过本地区的降雨来缓解。如果是这样，哈喇浩特遗址和那里的文物就不会这么完好地出现在我们眼前了。

我们似乎可以得出这样的结论：从中世纪晚期起，春季到达黑河三角洲的水量就已经大幅度减少了。至于是什么引起这一现象的，在此就不说了。但我们可以肯定，河水减少并不是因为上游的灌溉用水增加。我们知道，上游绿洲中的农田，仍远未从叛乱导致的人口锐减状况中恢复过来。在哈喇浩特城有人居住，附近地区有农业生产的时候，甘州河与肃州河因灌溉而丧失的水量，也不会少于现在。马可·波罗已经说过，"甘比楚是个特别大、特别华美的城市，是整个唐古特省的首府"。他还说，在苏克楚尔（Sukchur，肃州）省，也有"极多的城市和村庄"。

天气越来越热，人和骆驼在哈喇浩特的工作都变得十分艰难（我们就是靠骆驼往这里运水的）。最后，我们终于完成在这里的任务，拉尔·辛格也从对黑河终端湖泊的考察归来了。于是，我在6月5日高兴地把营地撤回到依和高勒河上的从都尔。我们要为到南山脚下的旅行作出安排。而且该让辛苦工作过的骆驼离开，去享受它们迫切需要的夏季假期了。好在我们可以把它们遣往一个比较凉爽的地方，即黑河尾闾以东的空古尔旗山脉。我以前在毛目就听说过那条山脉，毛目的大群骆驼在夏季一般都被遣到那里的牧场去。据说那里就在蒙古地区边上，我决定派穆罕默德·亚库卜押送骆驼，这样不仅会更安全，而且我还希望他能将考察活动扩展到东北方几乎还没人考察过的地方。

但这个愿望没能实现。穆罕默德·亚库卜从土尔扈特部首领的半永久性营地走了5天，到了宽阔的空古尔旗谷地。他这才发现，北边和东边俯瞰着谷地的小山上，都被哨兵严密守卫着，他们不允许他到蒙古地区去。穆罕默德·亚库卜是很勇敢的，但缺乏我的老伙伴、测量员拉尔·辛格的那种永不枯竭的精力和智谋。他只好看着骆驼，仅仅考察了一下到空古尔旗的道路和临近地区。

我手下负责看管骆驼的是哈桑阿洪。在我的所有中亚旅程中，他都不仅认真履行自己的责任，而且一直对"旧东西"保持着浓厚兴趣。正是他的警惕性和强烈的好奇心，使得他在押运骆驼去夏季牧场的途中，做出了一个考古学发现。当时，他正不慌不忙地赶着骆驼沿黑河回来，以便最终到毛目去（我们事先约好，在8月的最后一个星期于毛目会合）。他正在沙拉那采克以东、哈喇浩特北—北西方向约25英里的地方放牧骆驼，在灌木丛和胡杨树林中，发现了一圈围墙。据他说，围墙围成的地方很像哈喇浩特，但要小些。他后来把这个遗址指给穆罕默德·亚库卜看。穆罕默德·亚库卜把它标在了平面图上，位置是沙拉那采克以东约4.5英里处，并靠近沃旺果勒河干涸河床的右岸。穆罕默德·亚库卜说，围墙用土夯筑而成，围成了一个正方形。围墙里面有一个大遗址（大概是座庙），还有很多小建筑物，它们的木头支出在沙子和碎石之外。哈桑阿洪觉得，这些被沙子埋住的小建筑，有点像我们1900年看到的丹丹乌里克的庙宇和民居。

穆罕默德·亚库卜从庙里带走了一些装饰过的陶器，其中包括一个檐口饰（上面有条精美的浮雕的龙）、一块花砖。从这些东西中，我们大概可以得出这样的结论：那座庙的建筑风格很像哈喇浩特城里的 K.K.I.i 遗址。在那个遗址还发现了一些手稿和其他文物，据哈桑阿洪说，他看到遗址后，就很快在围墙外的一个小佛塔脚下挖到了这些东西。手稿等物表明遗址一直到比较晚的时候仍有人居住。但我必须指出，哈桑阿洪告诉我的发现地点是很模糊的。而且，在他和穆罕默德·亚库卜一块到那里去时，他并没有把这些东西拿给穆罕默德·亚库卜看。但从这些文物的性质和状况看，他的话是真的。

哈桑阿洪发现的东西中，最主要的是大量独立的纸页，其中绝大部分写有或印有吐蕃文。吐蕃文纸页中，完整的有200多件，还有很多残片。此外，还有约20张蒙古文纸页。奇怪的是，还有两本小书，以及一些独立的极薄的中国纸，上面写有极其潦草的字，似乎是用吐蕃文写的账目。有一些纸页和残片上，是西藏风格、佛教性质的素描和雕版印刷的图形。

哈桑阿洪带回来的所有装饰性文物都明显具有西藏风格，但这并不能给我们提供关于遗址年代的明确线索。因为，早在西夏的统治确立以前，藏传佛教就已经来到了甘肃边陲。但在这个遗址的手稿和印刷品中，没有一件西夏文书，这是很值得注意的，说明它大概比我们在哈喇浩特发现的类似文物年代晚很多。巴拉迪的一段文字大概和这有关："北边的亲属争闹不休，使忽必烈汗十分不安，他就在伊济内湖附近设立了一个军事哨卡，并在湖的西南滨建了一座城（或堡垒）。伊济内这个名称就出自那个时候。"哈桑阿洪发现的这个遗址，位于索果诺尔湖滨（指最近收缩之前的湖滨）以南约10英里的地方。它会不会与那位元朝的伟大皇帝建的哨卡有什么联系呢？我希望将来能有探险者仔细考察一下这个遗址及其附近的地区。

第四章

前往甘州和南山中部

第一节　到甘州去的一条沙漠道

6月8日我们士气昂扬地从朱斯冷查汗下游的营地出发向南，朝甘州和南山那些凉爽的山峰进发。土尔扈特部的贝勒是个善良但能力有限的人。虽然他对我们很善意，但我们用了很长时间，费了不少气力，仍无法租到骆驼把我们送到从肃州到甘州的中国大道上去，因为没人愿意在炎热的夏季让自己的骆驼受苦。那些蒙古人提出条件，要求我们只能在晚上赶路，并要了高价，才肯提供极少的马和驴来驮运我们有限的行李和物资。他们是极为粗暴地向我们提出这些苛刻条件的。而人们说的那条路先是向东南穿过沙漠到加南河，再从那里直接往南到甘州。如果依照蒙古人的条件，我们在那条路上几乎是无法进行考察工作的。先前我们在黑河岸边追踪到了汉代长城线，我现在急于考察一下那条长城线下游对岸的地区。于是我们和蒙古人最终达成了一个妥协方案：我们将在晚上赶路，沿着黑河往上游走，一直到长城线末端那一点，然后再穿越以前无人勘察过的地区到甘州去。据说那个地区山比较多，比黑河河谷要凉爽，因此蒙古人同意到那后可以在一大早和傍晚行军。

6月8—15日，我们完成了上述计划的第一部分。成群的牲畜不时走失，驮的物资等也不时遭到损失。这些原因，使夜行军进行得十分艰苦。同时，我也无法轻易忘记当疲惫不堪的人们白天休息时，所必须忍受的酷热和经常袭来的沙暴(图65)。最后一天，我们路过了上文说过的"天仓大湾"和塔拉令金，来到了河东岸一条叫阿提克查干的植被带。从那里就能看到东岸毛目绿洲最北的树木以及烽燧 T.XLVIII.b，汉长城就是在那一点贴近河西岸的。

我们发现有五座烽燧遗址从这里向东北延伸，一直到了小堡垒乌兰杜如勒金附近。烽燧都坐落在光秃秃的砾石萨依较高的地面上，河谷都能尽收眼底。这表明它们是一组设置在长城线外的烽燧，以防止敌人从河东岸靠近汉长城。我从159号营地出发，探访了这些烽燧中最南边的那座（T.XLVIII.g），发现它坍毁得极为严重。烽燧用土坯筑成，每隔三层土坯出现一层芦苇。土坯和芦苇层的尺寸等建筑上的细节和毛目附近的长城烽燧一样，说明我们对这些烽燧性质的判断是正确的。残烽燧附近发现的少量陶瓷碎片是灰色的，但无法提供年代上的明确线索。

图65　在黑河三角洲大堡附近停留

　　那天，我们还在 T.XLVIII.g 和它南边寻找长城线，因为在西岸汉长城的最后一点 T.XLVIII.b 的对岸，是可能会有汉长城继续延伸的部分的，但我们一无所获。为了保卫毛目绿洲的最北端，汉长城大概折了个大弯，但我们已没有时间考察河上游的地区了，因为蒙古族向导和牲畜的主人们不同意在此停留。在往南的路途中我们还一直留心观察，但在经过光秃秃的山区和高原上也没有发现任何汉长城的迹象。因此，我只能将追踪黑河东岸汉长城的任务留给将来的某位探险者了。考虑到将面对的地面状况，他必须在凉爽的季节考察，并有足够的骆驼来驮运物资。

此后五天，我们总共走了100多英里，在夏至日来到了甘州河畔的高台城。我们所走的道路迄今还没人考察过。但除了地图中的地形细节，一个旅行者若不是地质学家，对这段地形是没什么记述的。我们翻过了四条逐渐变高的山脉。第一条山脉矗立在一道光秃秃的砾石缓坡上。其余三条山脉之间是宽宽的谷地，谷地中有一丛丛耐干旱的灌木和红柳，可以放牧骆驼。除了在162号营地和163号营地之间穿过的最南边的那条山脉，其余山脉上的岩石几乎都被山坡上的大量碎石掩埋了（图66）。上面说的那最南边一条山脉就俯瞰着甘州河。在到这条山脉的北坡之前，只在大山沟有唯一的一口井，和水量不多的咸水泉、月空泉及在吉格代卡亚能找到水。吉格代卡亚两侧的花岗岩山崖上生长着几棵不高的沙枣树，这是我们遇到的仅有的树（图67）。

显然，这块由分解的岩石、沙子和砾石构成的荒地，只会有极少的降雨或降雪。能从南山过来的水汽大概都被南边那条被蒙古人称为克卡乌拉的山脉挡住了，并在那里形成了降水。从那条山脉光秃秃的山坡上，明显可以看到水蚀作用的影响。在地图中可以看出，克卡乌拉山脉肯定是甘州北面那条高大崎岖山脉的延续，本身也构成了阿拉善山系的一部分。不管历史上这片土地经

图66　160号营地以南被沙子掩埋的沙漠山岭

历过怎样的干旱化过程，有一点是可以肯定的：从来没有大批外敌像沿着黑河道一样，穿越这条山脉入侵。但这里很容易受到小股游牧部落的劫掠。越过颓败的中世纪万里长城之前，我们在最后一座石丘顶上发现了几座烽燧，那是为了警示那些小股劫掠者而建的。过了万里长城之后，我们看到了六坝村那宜人的绿色田

图67　在到高台的途中宿营于吉格代卡亚

地，田地一直伸展到了甘州河东岸。当时甘州河流淌在一条宽约80码的河道中，我们坐渡船过了河。又走了1英里后，我再一次来到了高台这座生气勃勃的小城的东门。1907年9月我曾经来过此地，对这座城门记忆犹新。

　　在城门外一座大庙凉爽阴凉的客房中（图68），我又一次受到

图68　高台城东门附近的寺院客房

了热情的接待。考虑到人畜在酷热中长期跋涉已经十分疲惫，我只好在那里休整了两天。这段时间里，我安排了车辆（通过车辆，我们可以沿大道尽快到达甘州），还匆忙地朝南勘察了一下。经过这次勘察我得知，走廊南山有一条偏远的分支，它光秃秃的山脚离甘州河不到5英里，这大大缩减了河谷耕地的宽度。这段河谷就是从中国内地到疏勒河盆地和塔里木河盆地的天然大道。高台的比利时传教团负责人佛拜恩神父向我提供了一些信息，说高台城西有个叫骆驼城的古城，离高台有一天的行程。为此，6月23日，我派拉尔·辛格到那里去做先期考察。为了节省时间，我本人于当天就出发到甘州去，以便为在南山的考察做好准备。

拉尔·辛格考察过骆驼城后回到了高台，然后沿着绕一条甘州河东岸更远但迄今无人考察过的路到了甘州，与我会合。他对骆驼城的描述很简单，但已足以说明该城的部分遗址年代较晚，没有太大的考古学价值。据他说，骆驼城遗址坐落在一条又宽又深的河床右岸，当时河床中几乎没有水，白浪河和西大河河水在灌溉过上游的田地后，就是沿着这条河床流进甘州河的。拉尔·辛格画了一张草图，从中可以看出骆驼城的围墙是长方形，城墙用土夯筑而成。城里离西墙约330码处又有一条与西墙平行的墙（墙中间有一道大门），把城分成了面积不等的两部分。城的西墙就建在河床陡峭的右岸上方，多数地方已经坍毁。墙角以及北墙、南墙上都有长方形的棱堡突出来。东墙、北墙上有大门，大门外用小门楼加以保护。

城里几乎没有什么建筑遗存，只在东南角用不太厚的墙围成一个小院落。在院落里，拉尔·辛格发现了一口深井，还有几座半坍毁的建筑物，大概是旅行者的栖身之所。骆驼城北边就是到肃州去的大路，南边的南山脚下则是成串的小绿洲。因此，旅行者大概愿意把这里当作他们歇脚的地方。拉尔·辛格带给我80多枚中国古钱币残件，可能是在小院落里面或附近捡到的。古钱币年代都比较晚，可辨认的年号的时间范围分属1644—1662年及1851—1862年。他带回来的陶器碎片看起来也不像是很古老的。

我本打算在回到毛目的路上，探访一下骆驼城，但由于三个星期后在山区发生了事故，我的愿望没能实现，对此我感到十分遗憾。在骆驼城，拉尔·辛格望到对岸4英里远的沙丘中有一座带围墙的古城，当地人叫它锁三湾。据我所知，高台人认为，骆驼城和锁三湾都是唐代的一个"蒙古统治者"（唐代尚无蒙古之说——译者）建的。我不知道在两个遗址能否找到考古学证据，证明当地人的说法。但如果能考察一下那附近的农田是如何解决灌溉问题的，也一定很有意思，拉尔·辛格在骆驼城西南和东边都看到了很多废弃的农田。8月的时候，拉尔·辛格从南泉村下来，又经过了这里。根据他在6月和8月观察到的情况来看，骆驼城附近河床中的水现在已不足以维持那片田地的灌溉了。田地位于砾石缓坡上很远的地方，离目前的耕种区足有9英里。自然条件在那里发生的变化使人一下子就想到了干旱化，只是不知道干旱化过程是由什么引发的。

6月23日和24日，我们沿从肃州来的大路走了两天，到了甘州城。我们经过的地方多数是耕种区，我在1907年已经见过。在靠近甘州河宽阔的泛滥河床之前，我们经过了黑水国遗址，我以前曾对那里作过详细描述。甘州河河床虽然足有4英里宽，但和我们在1907年8月末见到的明显不同。1907年8月，由于河水夏季泛滥，有几条河道驮东西的牲畜无法涉过去。河床中大部分地方都是水，只露出一条条岛屿般的狭长地带。而如今四五条有水的河道宽都不足60码，水深也不超过2英尺。这种对比表明，南山中部高处的冰川和积雪要在很晚才会迅速融化。同时这也告诉我们，以甘州河下游作为灌溉水源的耕种区，将遇到怎样的困境。如果这一段南山的北部山脉在冬春两季有更多降雨或降雪，情况自然就会完全不同了。

为了给在南山中部的考察做必要安排，我在甘州休整了10天。我们1907年对疏勒河和肃州河河源附近的山区进行了绘图。我这次的目标，就是拓展绘图工作，仔细考察一下那些山区东南的高山和谷地，甘州河的源头就位于那里。这些考察，加上我们最近在黑河地区做的工作，将完成我们对甘肃西北内流区的全部考察。我们得租牲畜，还要得到当地人的某些支持和引导，这些都有赖于中国官方的帮助。我以前就有过这样的经验：山下绿洲中的汉族居民很不愿意到山中去，官方也很担心强盗等的威胁。在这里，我的计划一开始也遭到了甘州的军事和民事官员的反对，租牲畜时也遇到了困难。这些都是我意料中的事。

官方之所以采取这种态度，显然是不想为我将来的安全负任何责任。他们的这种动机十分强烈。要不是发生了一件幸事，我就得做好准备，来应付长期的官方阻挠。据说我的一位可敬的老朋友柴洪山将军到了，他刚被提升为甘州地台，他的到来使我有望得到帮助。我还清楚地记得1907年在肃州这位和善的老兵是如

图69　甘州城墙外的寺院客房

何善待我的，这次我对他的信赖也没有落空。他是7月2日从兰
州府来的。此后，我停留了几天，多次和他愉快地会面，并为山
区考察扫清了道路。我这次仍是住在城墙西南角外庙宇的旧客房
中（图69）。那里十分安静，因此也能做不少案头工作，如清理账
目、校对《西域考古图记》等。在停留期间，我还利用甘州新开

图70　甘州大佛寺后面的佛塔和庙宇

通的邮政，这样可以更安全、更快捷地同欧洲和印度联系。同时，我得到了由凡·艾克神父负责的驻甘州比利时传教团总部的帮助，他们向我提供了关于附近耕种区和到西宁去的山路的情况。

　　现在的甘州城址十分古老。我以前在甘州的两次停留期间观察到，在南山北脚下的天然走廊中，甘州的地理位置十分优越。

这一次，我再次探访了大佛寺，那里有个巨大的涅佛像。寺庙二楼上存放着一些小泥塑像，造型很好，似乎是宋代的。除此之外，并没有什么东西能表明这是一座年代较早的庙宇。但考虑到当地的拜神传统顽强的生命力，我可以断定，大佛寺和它附近的佛塔（图70）现在的位置，就是当初马可·波罗和他之后从西方来的旅行者所看到的位置。

第二节　到南沟城和甘州河的东源去

我已故的朋友罗茨教授是一位杰出的地质学家和地理学家，他曾于1879年作为兹臣尼伯爵探险队的成员到过甘州。几年前我曾从他那里得到一些信息，这使我在进入山区之前急于想看一看南沟小城和马蹄寺石窟。我发现不需费什么力气就可以满足这个愿望，因为我们最初走的是通往西宁的那条山路，绕过洪水西边的走廊南山脚到达洪水——在洪水我们将获得驮运物资的牲畜。如果选择这样的路线，就会路过南沟城。为了确定甘州河流出山区的位置，7月6日，我派拉尔·辛格先往西南去，沿一条绕远的路到南沟城。我本人则打算向正南走，直达南沟城。出乎我意料的是，运行李的先遣车辆被错误地引上了向东南直达洪水的那条道。

好在这算不上是什么大错误。我们一到第一个营地（clxviii

号），就及时纠正了这个错误。营地位于微成斜坡的辽阔的干草原上，草原把甘州绿洲和山脚的耕种带分隔开了。此后，在朝山脚耕种带前进的途中，我极为明确地意识到，我们现在来到了一条很有地理学价值的分界线地带上。甘州大绿洲里的耕种区看起来特别繁荣，甘州道旁的树也十分赏心悦目。但我知道，这一切依靠的都是灌溉水源。我们这次以及1907年所看到的甘州和肃州之间的所有耕种区，不论是在平原上还是在山脚下，都是如此。而现在，当我们在越来越高的地面上朝南走，当南山那风景如画的山脚离我们越来越近的时候，我开始感受到了极为明显的区别。从clxviii号营地所在的那个孤单的客栈出发走了约8英里后，由沙子和小砾石构成的干草原就消失了，展现在我们面前的是一条富饶的黄土带，废弃的农田上生长着繁茂的花草。又走了3英里，我们就到了如今的耕种区边上，即古雅的带城墙的村庄南沟台子（图71）。我们发现，那里的梯田并没有灌溉用的水渠。实际上，远处的地面上干沟与河床纵横，修建并维持水渠将是很难的事。

　　我们沿蜿蜒的车道往前走，一路见到的都是这样的景象。有时我们经过的是长着绿油油庄稼的田地。有时经过的梯田是废弃的，长着繁茂的草和野花，看起来使人奇怪地想起欧洲乡村的情景。总之，不论在哪里，这片肥沃的黄土地光靠雨雪就足以维持农业，用不着灌溉。我们在过去一年里几乎极少见到耕种区，而且凡是遇到的耕种区都靠灌溉维持。因此，我们就更深刻地体会到这里气候条件上的差异。这预示着我们已经接近了甘州河东源

图71　南沟城村子里的庙宇

以远的太平洋分水岭。但有证据表明，这条山脚地带只是太平洋水汽能到达的最外围地区，降水有时是很不稳定的。因为，在前面遇到的所有村庄里，我们都发现了蓄水池，溪流中的水可以储存在那里，在溪流干涸的季节供人畜使用。

　　我们离南沟城越近，望到的山区景色就越美。走廊南山的高

图72 从南沟城往南看到的南山和南山脚下的村落

峻山峰大部分都被积雪覆盖着，山峰前面是一层层葱绿的小山（似乎一直到小山顶上都是梯田），小山下是隐藏在深色树丛中的村庄（图72）。较高的山坡上都是青铜绿色的针叶林。在这样的背景下，整个景色看起来就像是意大利的阿尔卑斯山山脚。南沟城是一座风景极为优美的小城，与宜人的乡村风光完全和谐一致。

图73　南沟城的街道

这座颓墙里面的小城似乎完全逃过了当地发生叛乱的影响。在城门上以及寂静街巷两边的房屋和庙宇的正面（图73），都有很多精美的老式木刻。庙宇房顶上长满了青草，破败的小衙署院子里也全是茂盛的植物，城墙则被青苔和匍匐植物盖住了。这都表明此地气候很温和，水分也很充足。城四周还有几座美丽的庙宇

图74 南沟城外的庙宇

（图74）。总之，小城中完全是一幅旧中国的典型景象，和西北那些"野蛮"的边陲截然不同。

我在南沟城停留时间不长，但仍访问了它最古老的庙宇龙桥庙，也叫大寺庙。罗茨教授曾专门让我注意那里，因为那里有很大的青铜塑像。庙的主建筑位于一个外层院落的西边（图75），屋

图75　南沟城大寺庙的西院

顶上装饰着极为精美的陶浮雕。里面的大厅里有一尊巨大的泥塑坐佛像（图76），佛像左右各有一尊泥塑的立姿菩萨像。菩萨造型极为优美，服饰特别富丽，使我立即联想到敦煌千佛洞的古代雕塑作品。佛像左右的佛龛中各有五尊比真人还大的青铜罗汉像，不幸的是罗汉原来的头已经缺失，后人又给它们安上了极差的泥

图76　南沟城大寺庙里的泥塑佛像和菩萨，两侧是后来修补过的坐姿青铜罗汉像

塑头。罗汉身体上涂了俗艳的颜料，手上也要么后来涂了层泥，要么完全被灰泥取代了。但尽管有这些丑陋的赘加的东西，我们仍能看到青铜像的不少原貌，它们的工艺要高明得多。大厅还连着个前厅，前厅每侧也各有三尊坐姿罗汉青铜像，造型和大小同前面说的罗汉像类似。据当地人说，这些塑像年代十分古老。将

来把后人赘加的东西清理掉后，这些塑像的确很值得专家来研究。靠外的一个大厅里立着块石碑，刻着汉文题识，窄的两面上还有藏文和蒙古文，可惜我当时无法将石碑上的字拓下来。

从南沟城出发，我用一天时间探访了马蹄寺遗址。它位于南沟城西南约6英里的地方，坐落在一片朝北边高地上的农田敞开的大谷地中，谷地是从主山脉的一条大分支上延伸下来的。当天，天气特别晴朗，山区空气也十分凉爽，使我饱览了美如图画般的景色。事先有了罗茨教授对这个遗址的描述，我对遇到这样的景色已经有了心理准备。我们路过了美丽的村庄和黄土岭上的大片平整梯田，这些黄土岭就是上面说的那条分支的外围部分。土岭坡上没有种庄稼的地方，都是繁茂的植被和成片的野花，其中有不少我在克什米尔就已见过的高山植物。我们登上一条海拔约8 000英尺的土岭进行平面定向，马蹄寺谷地一览无余地展现在我们眼前。谷地西边是高耸的沙岩悬崖（图77），矗立在地面上，有些悬崖几乎是壁立的，而山坡其他地方都覆盖着厚厚的黄土层。悬崖是抢眼的红色或黄色，在碧绿色的背景上显得特别醒目。南边高山上积雪皑皑的山谷，和东南方主山脉那些清晰可见的雪峰，使景色显得更加壮美。我把目光从前景中这些富丽的色彩和丰茂的植物转向北边的地平线，那里矗立着甘州河谷大平原上的深色山脉。我简直难以相信，山脉以北离这里并不是太远的地方，就是蒙古南部那片荒凉的碎石和沙漠地带，而我们刚从那里脱身不久。

从这条黄土岭顶上下来，我们发现它的坡上都是梯田，但大

图77 越过谷地望到的马蹄寺

多数梯田多年前就已荒弃了，长着离离荒草。这是劳动力不足造成的。在这些地方，因为当地发生叛乱，人口大概也减少了。再朝下我们遇到了种着燕麦的农田。有趣的是，我们发现种田的那对粗鲁率直的夫妇不是汉人，而是"西番"人（即唐古特人）。他们在黄土坡上挖了窑洞，这也是中国本土大黄土区典型的居住方式。我们听说，再往高处的谷地也有不少种地的"西番"人。这说明，藏族人尽管仍主要过着游牧生活，但也能安于农业生产。以前当他们的国王统治着甘肃大部分地区时，他们大概也是安顿下来从事农业的。

我们朝西下到了马蹄寺谷地，并越过了谷底那条活泼的小溪，这才完全领略到马蹄寺如画的景致。一簇平顶的僧房，中间夹杂着西藏风格的小佛堂，构成了马蹄寺的主要建筑。寺坐落在溪边，也有利于放牧成群的牦牛。在寺院经济中，牦牛是占有重要地位的。寺中一群群穿红袍的喇嘛出来迎接我们，这使我们再没有什么怀疑了：马蹄寺这座迄今仍有人的寺院，完全是"西番"风格的。我们登上了最大的那座佛堂，它坐落在一块高约100英尺的平台上。佛堂的多彩木门窗十分壮丽，屋顶装饰着繁复的砖浮雕和陶浮雕，看起来很有中国气息，但佛堂里面则全是藏传佛教的东西。佛堂后面的石崖不像北边的那么陡，那么暴露。大概就是这个原因，石崖上没有开凿石窟，而是在佛龛里浮雕着一组巨大的佛塔。佛塔有20多座，但山脚下全是茂密的树，甚至石壁缝里也长着树，所以我们没法走近去看。整体上讲，它们使我想起1907年在桥子看到的佛塔，那些佛塔大概和附近的锁阳城遗址一样，也是属于西夏时期的。

我从远处就注意到，北边长满树木的山坡上有座很醒目的庙宇。它后面光秃秃的砂岩悬崖几乎是笔直的，山崖正面分布着一组蜂窝状的石窟。我们沿一条小路步行到那道山坡上。小路穿过

图78 马蹄寺的
石窟和寺院

一片美丽的森林，林中既有松科常绿树，也有阔叶树。途中我们
还路过了两座西藏风格的佛塔，它们矗立在一座有森林覆盖的小
山岭上。从那里望，高处的庙宇和它后面的层层石窟就展现在了
我们眼前（图78）。庙宇由三座大殿组成，分布在院落中一块比一
块高的平台上（图79）。大殿都是中国风格，有很多精美的木刻，

图79 马蹄寺底下的庙宇

屋顶上则有大量陶制装饰物。中间那个殿最大，里面有一条大木楣伸展在佛龛之上（主要塑像都位于佛龛之中），木楣上刻了一行不太规范的婆罗米文及西藏的神秘图形，木雕上常出现这种文字。建筑上不少优美的木雕已经朽烂，表明寺庙十分古老。也正是这一原因，最高处那个大殿当时正在翻修。中央大殿外有块带字的石碑，据说提到了明代的两个年号，称此庙曾在那两段时间重修过。据我得到的拓片副本，吉列斯博士读出那两个年号分别相当于公元1427年和1565年。

主要石窟群占据了壁立的黄色砂岩山崖的正面，比前面说的那座庙高120英尺。石窟都很小，共五层，最初大概是按照对称结构开凿的。最底下三层每层有五个石窟，第四层有三个石窟，最顶上一层则只有一个石窟。最底下一层石窟前面有一条屋檐似的东西，延伸了整座石崖那么长。这层石窟似乎被人们当作储藏室了，有的被堵塞住，还有的锁着门。一个拱形部分通向这层石窟。在拱形中靠外的地方，我发现了绿色和棕色壁画的残迹，使人遥想起千佛洞的宋代壁画。

从最北边那个石窟有一条黑洞洞的开凿在石头上的走道，通向第二层那五个小窟。它们里面都是8英尺见方，结构很相似。石窟外面都有门厅状的小室，小室大概以前和千佛洞一样也连着外边的木廊。现在则只能通过石窟之间的拱形小豁口从一个石窟到另一个石窟去。

每个石窟正对门厅的那面墙上都有个三瓣状佛龛，里面是一尊约真人大小的高浮雕佛像。佛坐在莲花座上，有的施触地印，有的施定印。佛龛顶部有一对低浮雕的象，象鼻子抬在佛像头顶上。象的形象是印度风格，十分醒目。佛像两侧还有一对跃立欲扑人的动物，似乎是狗，一条宽宽的横带子把象和"狗"分隔开。佛龛两侧的墙角各有一尊泥塑菩萨像，稍微比真人小一点，服装富丽，装饰着复杂的珠宝首饰。它们的风格明显使人想起千佛洞的唐宋雕塑。

第二层和第三层所有石窟的一个突出特点，是石窟墙上都布满了泥塑小浮雕坐佛像。它们出自多种模子，很可能属于唐代。所有的小佛都坐在莲花座上，但施不同的手印。尤其值得注意的是06~08浮雕，佛坐在一个带柱子的佛龛下，佛龛完全是犍陀罗风格，佛龛顶上面对面是两头鹿的浮雕，象征着贝拿勒斯（即波罗奈国，在今瓦拉那西——译者）鹿野苑的初转法轮。佛和浮雕上的其他细节地方可能原来镀了金。石窟中所有泥浮雕的表面，以及佛龛和墙角的塑像上，都积了一层厚厚的烟灰，因为石窟中大概有几百年都有人生火。在几个石窟中我们发现了烧饭的灶、中国式的炕以及睡觉用的台子，表明这些石窟一直到离现在不是很遥远的时候，都是被当作僧房用的。

第二层的石头上开凿了一条陡峭的旋转的楼梯，通往第三层。那里是一组小石窟，石窟前面有一条窄窄的木廊。这条木廊又连着另一条木廊，通向第四层。第四层只有三个小石窟，本来都是按照一样的风格装饰的，但保存得很差。从其中一个小石窟中的石头上开凿了很陡的楼梯，通到最顶上那个窟。它曾被完全重修过，里面有一尊西藏风格的塑像，墙上的壁画画着传说中的唐僧故事。另一条楼梯通向一个16.5英尺见方的石窟，它显然是后来添加的，里面有一座中国宝塔式样的小佛塔，墙上是低浮雕花纹，做工低劣，可以看出来是新的。

上面说的这组石窟脚下，南边和北边各有一个石窟，不规则地分布在不同高度上。其中最大的一个位于主石窟群入口北边，里面有尊巨大的佛像。佛坐在一个雕凿粗糙的石头底座上，两个浮雕鬼怪托扛着底座。其他较小的石窟大概最初是当作僧房用的。

　　我那位不幸的师爷在这里和在别处一样不得力，对古物完全不感兴趣。我通过他询问了寺僧，他们说该寺的佛教典籍中并没有任何非藏文的手稿或印刷品保留下来。但如果时间充足，助手得力，大概会得出不同的结论。从石窟中的雕塑来判断，我认为这个遗址很可能在西夏时期就存在了。除石窟外，现存的所有建筑都不会晚于明代，但很可能这个寺庙很早就有了。总之，这个地方之所以比较神圣是因为它的石窟，而醒目的砂岩石壁为开凿石窟提供了充分条件。

　　最后我要说一下，在将离开马蹄寺的时候，寺院的住持们为了回报我作为朝香客献上的银子，给了我一块精美的浮雕木版。它大概是以前整修最顶上那座半毁的大殿时弄下来的，还残留着一点以前的着色。这块木版可能是明代的，的确是一件能代表中国木雕装饰工艺的精美作品。他们还给了我一幅西藏麻布画，画的是一尊坐在宝座上的佛，周围簇拥着菩萨和状如鬼怪的神祇。画面已经很旧，大概比较古老。

　　7月8日傍晚，拉尔·辛格与我会合了。他确定了甘州河流出山区的位置。之后，他向南走，穿过了甘州绿洲最肥沃的宽阔冲积平原，绕过山脚，到了南沟城。我真不情愿离开这里宜人的环

境，但7月9日我还是不得不与拉尔·辛格向东南走，准备到小城
洪水去，以便节省时间，能够在洪水租到牲畜（我们在山区将用
到牲畜）。路上能通车，路两边都是田地和村庄。田地可能没有南
沟城附近那么富饶，但同样是不依赖灌溉的。田地边上的小山坡
上到处是丰茂的植被，再朝上就是茂密的森林。

　　我们扎营在洪水城外一座宽敞的庙中（图80），庙周围环绕着
花园，风景很迷人，覆盖着植被的山峰也十分壮丽。但这都不能
使人高兴多少，因为在牲畜问题上我们遇到了困难，不得不耽搁
了下来，而牲畜本是人们答应好提供给我们的。甘州到西宁的这
条直道上，所有比较重要的地点都有一小股驻军，洪水也不例外。
这里的军事长官似乎很想遵循我的老朋友柴洪山将军事先从甘州
发来的命令，但拥有马的人一想到要离开大路就害怕。加上这里
离东乐县新设的地区政府还很远，使得当地的头面人物（或称相
爷）也对我们加以阻挠。我们一直活动了三天，再加上军事长官
因为怕"地台"柴洪山生气，使出了浑身解数，这才租到了所需
的17只牲口。我答应付他们官方规定价格的两倍。为了减轻牲口
的负担，我还让李师爷和奈克·夏姆苏丁带着我们在山中用不着
的所有人回到甘州去。

　　7月13日，我们终于出发了。我们沿着覆盖着黄土的山脚走
（它是南山的最外围）。路过了一座叫永固的半被废弃的带围墙的
小城，那里也是一小股驻军的所在地，也有一个相当于上校的县
台。地势越来越高，云沟的海拔约8 800英尺。经过云沟的甘州

图80 洪水城外的寺院

河支流河床没有一滴水。尽管如此，一直到甘州河的主要支流在桥门场子村上游流出山口处，所有地面都开垦成了农田。由于劳动力不足，肥料可能也缺乏，大多数可耕种的田地隔年才种一茬庄稼。

当晚，我们将营地安扎在那条支流的溪口处。第二天，我们

图81 通往扁都口的那条山谷谷口的草地

一直走到了那条河谷的尽头，并穿越了一条分水岭，分水岭把河谷同正南面的甘州河东源隔开。我很高兴地发现自己又置身于真正的山区景色之中了。我们沿一条葱绿的山谷（图81）朝上走，溪边的草地上铺展着一丛丛的野花，所有山坡上都覆盖着蓊郁的森林。在扁都口，路经了一个丘萨，旁边还有一个小哨卡戍卫着道

图82 通向敖包岭子山口的那条山谷

路。在宾通沟上游，谷地变窄，形成了一条风景如画的山谷。这条山谷是由分水岭流来的溪流冲开了一条外围山岭形成的。道路在坍毁的堡垒二道沟附近，来到了谷地较宽的部分（图82）。在这里，溪的两条主要支流分别从西北和东南方向流过来，汇合在一起。我们第一次遇到了唐古特人的居住地，他们在开阔的草地上

图83　南山中的敖仓堡，从西边看

放牧大群的牦牛和羊。小溪河床上有些地方仍有一道道雪梁。从那里我们沿着不太陡峭的路往上走，就来到了容易通过的山口敖包岭子。山口海拔约 12 680 英尺，是分水岭的所在地。

从山口眺望敖包河源头所在的大高原，视野很开阔（图83）——敖包河是甘州河的东源。高原南边和西南边的山脉是敖包河同大通河的分水岭，而大通河又是黄河的一条支流。也就是说，它们也是同太平洋流域的分水岭。站在山口，分水岭一览无遗。我想到，它那里的植被之所以很茂密，完全是太平洋带来的水汽的结果，这简直使我忘记了自己离那分水岭之间还有很遥远的距离。这时，从北边的谷地吹来一阵大风，夹带着尘沙，仿佛在提醒我们离亚洲内陆的大沙漠仍然很近。山区的茂盛植被是来自太平洋的水汽造就的，而从沙漠吹来的风携带的细尘，把山坡盖上了一层厚厚的肥沃黄土。

眼前这片开阔的大谷地和它南边缓缓的山坡使我们想起了历史上的问题。显然，这是天造地设的一条大道，一年中大部分时间都能通行。它把中国的西藏地区同南山北脚下的绿洲联系了起来。以前，文明程度很高的中国人更喜欢乘车，而这条道是不通车的。但毫无疑问的是，每次当西藏人入侵甘肃，把中国本土同它的中亚领地切断开来，这条从黄河和西宁方向来的又直又好走的道路必定扮演了重要角色。

有一条峡谷从山口下来。在峡谷与帕米尔一般的开阔谷地相连的地方，就是敖包堡垒（图83）。这座堡垒海拔约11 500英尺，很大，处于半废弃状态。堡垒中有一小支驻军，以保卫从西宁来的这条道不受游牧的唐古特部落或其他在大路四周游荡的人侵袭。在布满乌云的天空下，此地显得更加荒凉。我本来是不会在这停留的，但我手下大多数赶马的人执意不肯离开大路，因此我只好在堡垒的残墙外面休整了一天，并求助堡垒的军事长官。幸而他是个聪明的湖南人，能勉强听懂我带着湖南腔的蹩脚的中国话。这种口音，是我从前一次旅行中忠诚的旅伴蒋师爷那里学来的。他最终确信，如果我沿甘州河西源朝上游走，然后沿着大通河往下走，就可以免遭强盗袭击，也就不会让他承担什么责任。因而他努力劝服了我手下那些固执己见的人。我还预付了一大笔雇资，也起了一定作用。而且，一个聪明的下级军官还将随我们的队伍走一段路，以便保证往前走仍能控制住那些人。

第三节　从南山回到毛目

7月16日我们继续前进。我计划先沿谷地下到大寺，它坐落在一条无人考察过的山谷的入口处，山谷是甘州河在北边的山脉上切出来的。然后我们将沿甘州河西边的主要支流一直到支流源头（1907年我们曾在离源头很远的地方考察过）。然后，我计划走到大通河河谷的谷头去（前一次旅行中我们从疏勒河源头方向曾到过那附近），再顺着河谷一直走到它和敖包河之间山口的东边，然后越过走廊南山最东段尚无人考察过的地区一直到凉州。我们秋天和冬天在遥远的西方还有工作要做，但仍是有时间实现这个计划的，条件是我们要能控制住手下的人和牲畜。前一次在这一地区进行的探险中，虽然历经了很多艰难险阻，我们仍做到了这一点。

但这次运气不好。我们沿着宽阔的谷地往下走，大部分时间天都下着蒙蒙细雨。四周除了长着丰茂的野草，简直和单调的帕米尔没什么两样。在宽约3英里的平坦的谷底，到处放牧着唐古特人的牛羊群，还有数以百计的马。在两个测量员的陪伴下，我沿敖包河左岸跋涉了14英里，这时，一条支流挡住了我们的去路。降雨使溪水猛涨，不骑马是无法涉过去的。我骑马时发生了一件很严重的事故，差点使我以后再也无法旅行了。从喀什噶尔开始，我一直骑的就是跨下这匹巴达克斯马，它通常很安静。但这次大概途中经过的那一群群母马使它焦躁了起来。我一骑上去，它就开始往前冲，并突然用后腿站了起来，结果它失去了平衡，向后倒在了我身上。要不是底下带草皮的土很松软，这只高大的牲畜大概会把我严重压伤的。

即便如此，结果还是很严重的。除了身上多处被蹭伤，我左大腿的肌肉受了严重的伤，顿时就不能行走了。两个测量员把胳臂连起来想架着我走，仍是无济于事。管马的那些人已经急匆匆地赶到前面去了，希望在下游找到一些小石屋子躲雨。在测量员们的搀扶下，我往前拖了一段路，已经望到几百码外的两个唐古特人的毡帐了，却被迫躺在了泥泞的地上。毡帐中的人不愿意劳动大驾帮一下我的忙。实际上，我的两个伙伴费了不少劲，才没让他们凶猛的狗攻击我们。我就这样躺了3个小时，人们才从大前方的营地叫回来一个突厥仆人。大家用野营椅抬着我往前走，由于路上有不少陡峭的沟，走得十分缓慢、艰难。事故发生后约

6个小时，我才到了我的帐篷。

　　我的腿肿得很厉害，再加上别的伤，几天里我即便躺在野营床上由人们抬着走，都感到十分困难。但我很快看出来四肢幸好没有骨折或脱臼。在一两天里，我让拉尔·辛格在附近做平面考察工作。之后我就派他下到大寺，然后沿山谷到甘州河源头去。他发现，在大寺上游，甘州河穿过了很多峡谷，峡谷是从两侧山脉伸下来的陡峭山岭构成的，山脉上都是常年的积雪和小冰川。走了6天后，他来到了宽阔的谷地头部，那一点位于我们1907年穿过谷地的路线的大北边。他还打算到大通河源头去，但他手下所有汉人都竭力反对。于是，他只好满心遗憾地回到了我的营地，而没有到西宁道和敖包去。

　　在这14天里，我根本无法从野营床上起身，也没法使用我手下人临时给我做的拐杖（拐杖的木头是从敖包河下游1英里处的杉树林中弄来的）。受伤的大腿恢复得很慢，我却可以利用这段时间安排将来的工作。敖包要塞那个乐于助人的长官为我截下了一队从西宁回来的赶骡子的东干人。有了骡子这样得力的牲畜，我就派拉尔·辛格到敖包河东边和东北的山区去。从地图上可以看出，他带着骡子，绕过了一座醒目山岳的南侧和北侧。山岳上积着雪，似乎是敖包河上游那两条山脉合为一体的地方。然后，他经过了有森林覆盖的山坡，一直到了甘州河最东边几条支流边上的分水岭。接着，他沿那几条支流走，8月中旬与我在甘州会合。凭着永不枯竭的精力和热情，他在条件允许的情况下，尽可能多地完成了原来的山区考察计划。

8月的第一个星期，我已经恢复了不少，一个临时做成的马背担架抬着我回到了甘州。由于肌肉拉伤，我的腿仍很疼，于是我在庙宇的客房中静养了10天。这期间，我深切感受到了比利时传教团的凡·艾克神父和德·史密特神父的善意，也第一次得知了欧洲爆发世界大战的消息。要不是电报线经过甘州，我还要很晚才会知道这些消息。休养期间，我还做了安排，使得不知疲倦的拉尔·辛格只经过极短暂的休整后，就又向西出发，考察走廊南山的一段，那一段迄今还没人绘制过地图。他将从梨园的那条大谷往上走，一直到我们1907年看到大谷的地方。然后他将沿着走廊南山没人考察过的一段北坡走，直到西大河的源头，西大河主河道位于高台以西。这样，我们实际上就完成了对甘州河流域整个山区的考察。

8月22日，我踏上了酝酿已久的征程，我将穿过北山的沙漠地段回到新疆，以便着手秋天和冬天的工作。我手下的几支小分队都约定在毛目会合。为了到毛目去，我选择了甘州河东岸的那条路。我们共走了8天，一路上大多数地面都是很好走的。但对我来说，这是一段令人筋疲力尽的行程。我坚持骑马（这样做其实是很不明智的），弄得腿特别疼。还有一点令我遗憾的是，甘州河上根本没有渡船，否则我们至少一部分行程可以走水路，而在夏季河水泛滥季节，坐船将是很舒服的。一直到六坝村，我们走的车道都位于河边肥沃的耕种带中。而在行程的头几天，降了大雨，路几乎变得像泥泞的沼泽一般。再往下游，有些地方，尤其是西坝村和正义村以下，从东边光秃秃的山脉伸出来的沙丘几乎一直伸到河岸边，这些沙丘对驾车的强悍的中国骡子和马来讲也是很麻烦的。

　　我们是在平裕堡村下游第一次遇到了中世纪万里长城的。长城用土夯筑而成，很破败，蜿蜒在一条山脉的小陡岭上。山脉虽然不高，但有些地方非常崎岖，它伸展在甘州河东岸，一直到毛目。长城大概在山顶上朝东南延伸，因为山顶上隔段距离就有一座烽燧。在甘州东边我们也曾看到过这条古老的边界墙体。还有一种可能，古人觉得一直到甘州东边，不可逾越的山脉就足以抵御敌人了，所以可能不必筑墙了。从地图上可以看出，再往下游也常出现一段段的长城墙体，它们一般沿耕种区边上延伸。而在其他地方，墙体则完全消失了，只有烽燧线标志着长城的走向，而烽燧都已不同程度地坍毁了。这段中世纪的万里长城一直朝前延伸，终止在肃州以西的嘉峪关。长城上很长的地段都完全坍毁了。这一事实使我们更好地体会到，汉长城的筑造者们采用的方法是何等坚固，使大部分汉长城都经受住了时间的考验，而汉长城经过的地区比万里长城经过的地区，自然条件要恶劣得多。另一方面，我们也必须看到，一直到正义下游的峡谷（东岸的万里长城就是在那里终止的），甘州河河谷气候都没接近肃州附近那么干旱，不太利于长城墙体的保存。

　　途中有一个地点值得简单提一下。地图上的"孙乃堡"村东边不远的地方有一座大庙，我们在那里过了夜。大庙很有趣，叫来来庙，位置靠近高沙丘。它看起来十分古老，有很多庭院和佛堂，所有庭院和佛堂中都有沙子。它的木楼优雅、繁复，走道边上还有栏杆，并用桥把各个佛堂连接起来。总之，它看起来不像我在中国内地上见到的建筑，却很像千佛洞西方净土画中的净土

图84 甘州河岸边三帕村的西门

建筑。或许一千年以后，它将被完全废弃，交付给流沙。那时，对未来的某位探险家来说，它将成为一个有意思的"遗址"。显然，河边那些带围墙的兴旺的小村庄把它当作了朝圣的地方。遗憾的是，我没有获得关于它的起源和历史的信息。

到六坝下游，连续的耕种带及风景如画的村庄（图84、85）

图85 到甘州河边的四帕村去

就终止了。再往下游的农田变成了一块块窄窄的土地，夹杂在高沙丘之间，东边光秃秃的山脉脚下和宽阔的河床上都布满了沙丘。但在带围墙的大村子上堡，我们又遇到了比较宽的耕种带。令我欣喜的是，过了河后我发现拉尔·辛格已安全抵达那里了。他已经圆满完成了在梨园和高台以南山区的最后任务，并受到了在山区放牧的撒拉族和裕固族的热情欢迎（这两个民族是蒙古人的小游牧部落，说突厥语），加上这次考察，我这位不知疲倦的伙伴此中考察的南山山区，几乎和他在1907年考察的南山地区一样大。

上堡下游约10英里，就是小绿洲正义。河两岸光秃秃的石山靠近了河谷，使河谷逐渐变窄，成了一条峡谷。河道穿过峡谷的地方，两侧都是高约300英尺的陡崖，万里长城就矗立在陡崖之上。带围墙的正义小城里，至今仍有一个军事哨卡，这从以前"正义峡"仍是个真正关隘的时候，保存至今的传统。峡谷（图86）是甘州河在光秃秃的山脉上切出来的，这条山脉从甘州一直伸展到了肃州以西。河水泛滥的时候，峡谷是过不去的，大概其他任何季节车辆也无法从这里通行。到毛目去的路越过了东边石山的一个山口（高约400英尺，离河很远），然后下来，通过一条又窄又曲折的山谷，又到了河边。河道从峡谷和峡谷东边的山出来后，变出了一块布满砾石的扇形。一条高约300英尺的巨大沙丘链从北边向河东岸延伸过来。路在两个陡峭的鞍部越过沙丘链，我们费了好大的劲，耽搁了几个小时，才把车拽了上来。正义以下的整条路上，有很多极有利于防御的地点，路上和路边的高处都有成行的烽燧，表明路受到了充分保卫。塔子湾是我们向北遇到的第一个村庄。从那里我们又走了一天。这一天长长的行程，经过的多是光秃秃的砾石或草原，还经过了一片片伸展的耕种区。8月29日，我们终于回到了毛目庙中的旧住所。令我欣慰的是，我发现第二个测量员阿弗拉兹·古尔已经带着骆驼从夏季牧场回来了。虽然骆驼在黑河尾闾以远的低矮山区经受了酷热，但它们已经可以面对摆在我们面前的漫长艰苦的沙漠旅途了。

图86　从正义村看到的甘州河峡谷

第五章

翻越北山到巴里坤

第一节　翻过北山的沙漠山脉

我选择了毛目作为几个小分队的会合点和出发点。我们将穿越北山广阔的沙漠山区，然后沿俄国边境地图上的道走，计划走到天山的最东段喀尔里克山去。接着，我打算绕过这条大山脉的北坡，一直到古城子以远，从那里就可以翻过山脉到吐鲁番盆地。我们的下一次考古工作就是要在吐鲁番盆地展开的。在完成这个计划的过程中，我们首先要考察一下北山几乎还没人考察过的一大段，还要看一看准噶尔的东南部，那里与天山南部的绿洲在地理上和历史上都有联系，因此对我很有吸引力。

我们将穿过无人考察过的沙漠走很远的路程，而离我们最近的有人居住的地方就在喀尔里克山的东北部。考虑到在水和牧草方面将遇到困难的问题，5月我第一次过毛目沿黑河而下时，就想打听关于俄国地图上那些道路的可靠信息，还想知道有没有熟悉那些道路的向导，但得到的消息简直少得可怜。毛目的一些汉族客商说，驼队有时沿某几条道去哈密和下马崖（Bai，这就是我的目的地）。但我没能找到熟悉这些道的蒙古人做向导。我回到毛目的时候，只好雇了两个汉族民工，他们是那位很乐于帮忙的毛目地方长官给我找来的。这两个人说，他们曾跟着驼队沿直路来往于巴里坤和哈密，想再回到巴里坤和哈密找活干，所以愿意给我们当向导。他们关于行程路线的描述是相当模糊的，尽管如此，我仍很高兴地接纳了他们。因为我明白，以前的地图只在明水那个十字路口能帮我一点忙，因为相对西边那些俄国探险家和伏特勒教授走过的路来说，明水的位置是确定的。

考虑到前面的路很长，途中又没有任何物资，我不得不精心为人畜准备好食物。幸运的是，今夏甘州河水比较充分，毛目庄稼收成很好，安排起食物来也就很方便。为了尽量减轻辎重，我决定派李师爷带着奈克·夏姆苏丁和两个突厥人押运着多余的行李到肃州去。他们将从肃州到安西，在安西带上忠诚的依布拉音伯克看管的那些文物箱子，沿中国大路到吐鲁番。我们约好10月末在吐鲁番会合。

为了扩大考察范围，剩下的人将尽量分成两个小队沿不同的道走。一开始就有了分头走的机会。我们的汉族"大路弟"（即知道大路的人）说，有两条道可以到达四五天行程远的煤窝矿井。

9月2日，我们从毛目城外凉爽的庙宇客房中起程。但当天我们仍无法分头走，因为城西的河水泛滥后我们很难渡过河去，我们几乎用了半天的时间才过完河。夏季的河水泛滥已经大大减弱了，尽管如此，大多数河床中仍有水，水面足足有1英里宽。河床西段水特别深，水流湍急，骆驼不驮东西才过得去，而物资和大多数人员都得用高高的车运过去。我们在河西岸耕种区西边附近的一座庙中短暂休息了一晚，然后就分别了。拉尔·辛格将穿过西北光秃秃的低山到煤窝去。

后来我们发现，我和穆罕默德·亚库卜、阿弗拉兹·古尔走的那条道，实际上是从长长的金塔绿洲最北边到煤窝去的路。为了到那条道上去，向导带我们沿北大河北岸的小山脚走。现在的北大河和我们5月看到的几乎一样，也没有什么水。第一天我们就又来到了毛目以西的长城线上，并沿长城走了一段，过了 T.XLVI. a 附近的一点。当初我们从金塔方向过来时，是第一次在这里发现长城线的。此处以西有4英里长的长城线清晰可辨。长城墙体用粗糙的石头筑成，墙体所在的地面是分解的低矮石山，可以提供很多石头作建筑材料。有些墙体用的是粗糙的大石板，残墙仍高达7~8英尺。我们在天黑之前考察了两个完全坍毁的烽燧 T.XLV.a、b，它们用土夯筑而成，夯土层之间夹着薄薄的红柳层。在烽燧附近我们捡到了古代陶器碎片。

第二天早晨，向导带我们穿过了河边一片茂密的灌木丛。途中我望到了其他标志着烽燧的土丘（T.XLV.c、d、e），它们坐落在长城线绕过小山脚下的地方。但我没法去访问它们。由于在甘州和毛目之间那几天漫长的行程中，我一直骑马，左腿的拉伤加剧，现在越来越疼。我已经无法骑马了，只得躺在野营床上，床绑在骆驼背上。这种前进方式使我只能跟着行李队一起走，真叫我吃不消。我本希望那个胆小的向导能把我们带到西北方向的煤窝去，但他却将我们带到了一块属于金塔的偏远小耕种区"归寺墩"。对此我却很高兴，因为这是能做一副驮在马背上的担架的最后一次机会了。那里有个善良的村民从屋顶取下几块木头，我当天傍晚就叫人做好了一副担架。尽管这副担架经常坏，此后两个月里我却安全而且非常舒适地躺在上面翻越了北山，一直到天山。

9月5日早晨，我们终于出发向北边光秃秃的低山走。我们的向导大概从当地人那里打听到了什么消息，完成任务的信心明显增强了。我们走了约2英里，穿过一块光秃秃的遭到了一部分风蚀的平坦土地，来到了一块石萨依脚下。在那里我们最后一次穿过了汉长城。这里的长城状如一条严重坍毁的低矮土丘，东边可以望到两座烽燧（T.XLV.f、g），另有一座烽燧在西边约4英里处。长城线无疑从这里穿过无水的沙漠一直朝前延伸，直到疙瘩泉子北边高沙丘中我们追踪到的那一段。奇怪的是，据我所知，金塔和毛目的有些人隐约知道这堵"墙"，但他们却认为"墙"是在晋代建的（公元265—419年）。

我们一进入荒凉的小山区，向导就找不到通往煤窝的车道了。而且，过了最外面那条小山脉后，一踏上宽阔的砾石萨依，他就完全转了向。令我们失望的是，他和他的伙伴常常对前面的路记得不清楚，现在不过是这种缺陷的最初表现罢了。后来他们还反复出现这类失误，使我们很快意识到应该主要依靠能隐约看到的道路的痕迹，并应该从平面图上看到下一个目的地大体该朝什么方向走。在那天的行程中，我们绕了很长的路才重新找到了车道，并沿车道来到了野马井。野马井坐落在一条宽阔的浅谷中，谷地朝山上延伸。这条山脉和我们在毛目看到的朝西北伸展的山脉连在一起。我认为，它是北山最南段的一条主脉，也就是伏特勒教授在从北侧到疏勒河边时，穿过的最后一条北山山脉（据他所称是第五条山脉）。比较了我们的地图和伏特勒教授的路线图后，我得出了关于山脉形态学的上述结论。我在路过的时候还采得了一些地质学样品，希望以后能通过它们检验我的结论是否正确。这些样品，以及我在朝喀尔里克山前进时在破碎的沙漠山脉上采集的样品，目前正被牛津大学的索罗斯教授研究。

9月6日，我们走的那条道沿着谷地往上，一直朝西北延伸。谷地两侧都是秃圆的小山，山上布满了深色的碎石（图87）。我们还路过了两口井。在接近此山脉上一条分界线的时候，我们来到了海拔约5 700英尺的地方。那里的地面被浅浅的干沟弄得支离破碎，我们全然迷了路。周围所有的小山上都有圆锥形石堆，使向导更糊涂了。但在北边可以望见一条轮廓清晰的东西走向的发红的山脉，他说他记得从毛目直达煤窝的道就是沿那条山脉伸展的。他管那座山叫金沟子，说是曾有人在山里挖过金矿。我们朝

图87 北山野马井上方的谷地

西北下到一条宽约2英里的山谷里，谷中有充足的牧草给骆驼吃，但我们扎营地的那口井是干涸的。我们在附近挖井，也没有找到水。没有水也没有食物，我们就这样过了夜。晚上骆驼和马还不断走失，使局面更加困难。但早晨时，寻找走失骆驼的那些人在北边低山附近发现了拉尔·辛格那队人的脚印。他们是不会认错拉尔·辛格的路码表留下的痕迹的。在下到山那边的时候，我们还遇到了一口只有5英尺深的井，井里水量很足。然后我们就到了拉尔·辛格走的那条古老的车道上。我们沿红山脚下的车道朝西，穿过一个低矮的鞍部，进入了一条山谷。山谷向西伸展，一直通到煤窝所在的那个开阔盆地。

在盆地中，我们发现拉尔·辛格已经在两口井中的一口旁扎了营。这两口井挖在煤矿底下的干河床中，附近还有两三间破败的房子。直到近年以前，金塔和毛目都有人冬天来煤窝待一小段时间，在浅矿坑中采煤，他们就住在那几间房子里。我采集了这里煤的样品。有一座小山俯瞰着这片荒凉的平地，山顶有座小庙。矿坑很不规则，延伸到河床以西约1英里的地方，似乎挖成距地表15~17英尺深的窄沟。拉尔·辛格告诉我，他在来煤窝的时候，第一天走了很长的路，穿过无水的萨依，来到了我们从南边穿过的那条山脉最东边突出部底下的一个水塘（是雨水供给的），然后沿着山脉的北坡走。在上文说的红山脚下的芨芨泉，他找到了很好的牧草。

一座极为开阔的高原从煤窝向西北延伸，并朝那个方向缓缓抬高，高原上的干河床都"流"向东北。高原上铺着砾石的地表光秃秃的，只有零星几丛灌木。在这样的地面上，路很容易辨认。我们顺着路轻松地走了25英里，来到了南泉井。在离南泉还有约6英里的时候，我们穿越了一条宽阔却破碎的小山脉，山顶比煤窝只高约350英尺，几乎被碎石掩盖住了。山脉朝西北下降，变成了一片宽阔的洼地。那一天和之后两天经过的地面上的所有水，似乎都流进了这片洼地中。这条山脉以及我们在南泉和骆驼井穿过的两道破败的石山山脊，大概是伏特勒所说的北山第四条山脉的东段。根据地图和他的描述，这第四条山脉大概往西也分离成了一系列平行的山岭。他还说，整条山脉是东—北东走向的，我们看到的山也大致是这个走向。

9月9日，我们先走了约13英里，然后又越过了一条小山脉。这条山脉起伏平缓，断断续续的，海拔约5 300英尺，和我们在去南泉的路上翻过的山脉类似。路从山顶下来，沿着一条蜿蜒的山沟朝西北延伸。在山沟里我们经过了低矮的深红色山崖。在我看来，山崖似乎是斑岩。我们扎营的那口井被向导称作红头山井，位于一条宽阔谷地光秃秃的砾石坡上，谷地中只有极少骆驼能吃的灌木，马则找不到任何食物。西边地平线上有一条低矮的崎岖山岭，但朝北望视野很开阔，一片宽沟状的洼地尽收眼底，洼地以北矗立着一条崎岖的山脉。前两天我们走的都是平地，于是这条山脉就显得尤其醒目了。我们的向导说，那就是马鬃山。我们在毛目就已听说，马鬃山中有一些谷地，从黑河那边来的五六十户蒙古人在那里放牧。俄国的边境地图大致把马鬃山标在去哈密的道路北边，还说哈密道是沿着一条大河接近马鬃山的。但我们并没有看到这条河的任何踪影。

9月10日走的路不长。我们先是走在一块完全荒芜的砾石平原上，平原上有一条高10~15英尺的碎石带，那就是完全分解了的低山的位置。然后我们又越过了一座低矮的山，和前面说的那两道山海拔差不多。过了这之后是一条极为荒凉的宽谷，像盆地一般，似乎根本无法在此过夜。向西穿过宽谷后，我们来到了一口咸水井旁，向导称之为阔地井，小沙丘四周还长着一小丛芦苇。我们很高兴地在这里扎了营，因为牲畜已经急需吃草了。

第二天一早，我们穿过一条宽谷，走了10英里。谷中有很多低矮的台地，台地的岩石是沉积岩，几乎呈黑色，颗粒特别细腻。然后，路缓缓上升，翻过一座平顶小圆山，来到了宽阔的高原上，一直到了一个长满芦苇的大盆地中。盆地的水来自骆驼泉。骆驼泉共有十几处泉眼，汇集在一片宽约2英里的洼地西边，那是从西边和西南边的山脉流过来的地下水补给的。那条山脉的海拔在6 200~6 700英尺之间，大概是前面说的第四条山脉的一部分。这条山脉矗立在一条沟状大谷南部，大谷北边则矗立着醒目得多的马鬃山。大谷夹在两条山脉之间，宽约30英里。马鬃山陡峭的锥形山峰挺立在我们面前，根据倾斜仪的读数，它的海拔在7 040~9 160英尺之间。它无疑就是伏特勒说的北山第三条山脉，也是最高的山脉。从山上向东伸下来很多河床。我们经过的时候，河床都是干涸的。但河床中必定有相当数量的地下水，地下水汇集在了东边像骆驼泉那样的洼地中。这就可以解释为什么人们说马鬃山附近有蒙古人的大牧场。我们虽然没有时间寻找这些牧场，却发现了一个证据，说明牧场的确是存在的。在南泉我们遇到了一大队骆驼，是为中国客商从那些蒙古包运羊毛来的。

我们在长着茂密芦苇的骆驼泉休整了一天，这对人畜来讲都是很必要的。9月13日，我们朝西北进发。这一天的行程特别有意思。我们先经过了一块石萨依，萨依上布满了碎石，那是几乎已完全分解的山留下来的。我们还经过了几条都来自西方的干河床。之后，我们进入了一个小山区。山矗立在辽阔的碎石地面上，高20~30英尺，形状浑圆。我查看了这里的岩石，发现它是花岗岩，上面布满了小洞。小洞中本来是不太结实的岩石，后来遭到了腐蚀，并在空气的作用下脱落了。这无疑是火山岩。我们在矮而圆的小山中走了约11英里，来到了一片长着灌木的小绿洲，那里还有一棵孤独的小树，看起来像沙枣，即吉格代，也叫伊里格奴斯。我们没有发现水井，但看到了很多骆驼粪，可见这是一个驼队歇脚的地方。按照小山上的圆锥形小石堆指引的方向，我朝前面这条山脉的一条小豁口走。石堆指引的方向是西北，沿这个方向走了约2英里后，我们来到了一条单调的碎石缓坡较低的那一边。缓坡是一块冲积扇，由原来从豁口两侧的山上流下来的溪水冲积而成。

我们沿着冲积扇朝高处走，面前的马鬃山外表特别醒目。山顶的轮廓线锯齿一般，从锯齿上还突起一些金字塔状的嶙峋怪石。我们朝上走了约8英里时暮色降临了，向导急切地想找到水。后来才知道，我们现在走向的这个山口并不在他们知道的那条路上，这就是为什么他们显得如此惊慌失措的缘故。路东边约0.5英里的一处植被带引起了我们的注意，在那发现了四五口浅井，向导们

图88　俯瞰着209号营地的北山马鬃山南侧的谷地

这才长出了一口气。井中塞满了淤泥，大概是最近下雨冲下来的。但清理了其中一口井后，我们发现它水量很足，比我们进入北山地区以来尝过的所有水的味道都好。我们把夜晚的营地扎在矗立于碎石上的第一座石山脚下。整个傍晚都有一股寒冷的大风从北边刮过来，告诉我们，再往前走天气就要变了。

图89 北山马鬃山分水岭

　　9月14日早晨，我们走的峡谷骤然变窄。峡谷两侧的石山很破碎，形象比较别致，比谷底高300~500英尺（图88）。这里的山崖走向大体是东北—西南，朝东南的俯角为80°。山崖的一切特征都表明它们曾长时间受到水和空气的侵蚀。不仅在谷底，而且在一定高度的山坡上，都可以找到灌木和一种耐旱的草（突厥语中称之为皮勒），表明这里的干旱程度正在减弱。又走了约4英里，我们来到了分水岭。分水岭是一块宽约300码的小高地（图89），海拔约7 000英尺，西边那些高峰在这里一座也看不见。我们又往前走了约1英里（这段地面几乎是平的），遇到了一群正在安详地吃草的山区绵羊。

接着，我们朝西北方向缓缓走了3英里。路是在一条逐渐变宽的谷地中，灌木和牧草仍十分丰富，它们在秋天的色彩点缀下，使谷地显得很有生机。之后，我们来到了谷口一块宽阔的冲积扇，冲积扇上有很多浅浅的干涸水道，都朝北—北东方向延伸。碎石坡上不时突出低矮的石岭。石头是深红色或黑色的，可能是花岗岩或与其接近的岩石。也有一些孤立的小山丘矗立在碎石上，和我们在这条山脉以南遇到的情景一样。我们看到，在一块低矮的台地上有圆锥形石堆。朝台地走的时候，我们遇到了一块令人赏心悦目的绿地，绿地中间有一口井，井水十分甘甜。后来我们才知道，这片被碎石山环绕着的小绿洲叫沙井子。

9月15日，我们先是走在碎石坡上（和从马鬃山下来后穿过的碎石坡一样），地面上多处不时突起已完全分解的石山的残迹，石山的成分大概和我们在沙井子以南遇到的一样。向西北走了10英里后，我们又遇到了一小丛茂密的灌木，灌木丛中还有一口浅井，海拔和沙井子一样也是6 100多英尺。从这开始，那两个所谓的向导差点把我们一直带到北边去。好在查找了一会后，我们又回到了朝西北去的那条道上。这条路先穿过一块碎石平地，然后地势逐渐下降到了一片长长的洼地中，洼地里有很多牧草和几处泉水。在洼地西面边缘一块石高地上，我们发现了把蒙古包安在这里的6户蒙古人家，还看到了他们的牛羊。从他们那里我们才知道，现在这个地方叫查干古鲁。这些蒙古人是从东南方的牧场沿着马鬃山过来的，冬天还要回到东南方去。他们说，他们一点也不知道到巴里坤和哈密去的道，我们也没能在他们中找到向导。但他们告诉了我们前两个营地的真正名称。我们的最后一个营地叫沙井子，而我们的汉人向导误以为是骆驼井。蒙古人说，真正的骆驼井实际上在南边，位于从金塔到明水去的驼队常走的那条道上。据说那条道绕过了马鬃山西端，还穿过了伏特勒说的第三条山脉上的一片洼地。

我在格卢姆·格里什迈罗先生的地图中发现了查干古鲁的名称。在地图上，查干古鲁是两条道的相交点，一条道到外蒙古乌里雅苏台去，另一条似乎就是我们现在走的这条道。地图上这么标，依据的是从蒙古人那里打听来的信息。有趣的是，第二天我们正要出发时，听说了一件事：昨晚一支从安西往乌里雅苏台运大米和面粉的驼队到了这里。如果这个消息确切，就表明从安西出发，在与伏特勒和格卢姆·格里什迈罗（或欧布罗柴夫）所标示的路垂直相交的一条线上，也能找到井和泉水。

我们在蒙古人那里得到了牛奶和两头羊，9月16日继续前进。这一天我们轻松地走了16英里，来到了一口井旁，一个懂汉语的蒙古人说它叫柳沟。这一天的最初5英里穿过的是茂密的灌木丛和芦苇丛。穿越的干沟和柳沟的干沟一样，都是朝东北"流"过去的。然后我们走在了一块布满碎石的高地，高地上有很多低矮破败的小山。我在山上看到了花岗岩和石英矿层，但无法确定这些小山的走向。柳沟面积不大，长着芦苇和灌木，位于一条宽阔的河床边上，海拔有5 890英尺（和查干古鲁差不多）。我们看到的柳沟井几乎已经干了，但将井挖深后，井里出现了甘甜的水。向西边可以望见一条山脉，大约有20英里远。查看了一下格卢姆·格里什迈罗的地图后，我认为，他们和伯达宁先生所说的野马泉山谷，即到明水之前的最后一个歇息地，大概就在那条山脉的东边，位于我们现在扎营的这条河床的源头处。西北还矗立着一条清晰的山脉。我还不知道西边那些遥远的山和西北的山脉之间有什么联系。

白天天气十分暖和，但傍晚从北—北东方向吹来了凛冽的大风，刮了整整一夜，把一个测量员的帐篷都刮倒了。凌晨4点，当我们起来打算到明水去的时候，觉得自己仿佛回到了严冬季节的罗布沙漠。路通向我们面前这条山脉上的一条豁口（山脉是西—南西到东—北东走向的）。我们先是穿过了一座几乎被碎石掩盖住的低矮小山，然后沿山脉的缓坡走，在离营地约7英里的地方到了山脚下。我们沿一条宽阔的谷地轻松地朝上又走了4英里，来到了一块小高地，一条朝东北延伸的浅水道横亘在高地上。高地北边是一条分水岭，海拔约7 000英尺。这条山脉的最高峰就在附近，比分水岭高约400英尺。可以肯定的是，这就是格卢姆·格里什迈罗先生和欧布罗柴夫先生在野马泉以北越过的那条山脉，也就是伏特勒教授所说的西边的第二条北山山脉。

下山的路要短得多。然后，我们朝正西方向穿过一条宽阔的砾石谷地，谷地中只有很少的灌木。谷地南边就是我们刚越过的这条山脉，谷地北边则是另一条和它平行的西—南西到东—北东走向的山脉。我想，后一条山脉就是伏特勒说的北山第一条山脉朝东延伸的部分，肃州到哈密道上的明水就位于它的山谷中。看来明水离我们已经没有多远了。这激励着我经过了一小块植被带（蒙古人曾告诉我们，这叫盐池）之后，又往前走。我之所以会作出这样的决定，是因为那里的草曾有牲畜放牧过的迹象，而且蒙古人说明水只有"30里"远了。结果我很快就后悔了。我们走了25英里，凛冽的大风一路上刮个不停。这时我们来到了一处宽阔山脉平坦的鞍部，这条山脉把明水山谷头部的两条山脉连了起来。我们还得向西穿过一处宽阔的盆地，然后才能到达那座低矮的小山（明水水井就位于山中）。下山的路在光秃秃的广阔碎石坡上永远没有尽头似的。等我们到山脚的时候，天已经很黑了。我们遇到了一条干涸的河床，还可以看见一个很大的圆锥形石堆。河床附近有一些粗硬的草。当天奔波了32英里后，我们就在那里扎营过夜。我派人到附近去查看，结果他们只发现了一圈四方形的围墙，却没有找到水井和燃料。傍晚时风小了点，但大多数人晚上都冻得没有睡着。骆驼第二天早晨才赶到，有些骆驼离群走失后又被找了回来。

天亮时，我们那两个运气不佳的向导发现明水只有1英里远了。行李队和我们会合后，大家就沿着一条窄山谷朝下面的明水走（窄谷两侧是石丘）。很快就到了谷口，那是一处散布着大石头的宽阔盆地，盆地四面都是嶙峋的山脉（图90）。有些山比盆地要

图90　北山明水盆地

高约1 000英尺，而根据水银气压表的读数，盆地的海拔为6 660英尺。在盆地中部，我们找到了明水井，它深约8英尺，水量充沛，水质很好。水井南边是一圈泥筑的残墙，水井北边的一座小丘上有一座中国式的小庙遗址。昨天大家都走得筋疲力尽，我们于是在明水休整了一天。

我们在明水找到了从肃州经十二墩到哈密去的路，到了该把穆罕默德·亚库卜派到哈密去的时候了。他将从哈密先沿大道考察，然后到小绿洲塔什布拉克和芨芨台子去。这样，我们先前在喀尔里克山以南的考察会得到有益的补充。然后，他将再从哈密到疏纳诺尔盆地去（喀尔里克山西段的所有水都流进了那里），接着考察无水的沙漠中的道路，一直到吐鲁番地区的最东端。我打算把两个汉人中年轻的那个派去跟穆罕默德·亚库卜一起走。尽管到哈密去的道可能会很清晰，而且那个汉人也声称熟悉这条道，我还是将详细的指示写了下来，以便保证这一小队人不至于发生不测。因为，通过以往的经验我知道，我这位年轻的测量员虽然很可敬也很勇敢，但独自进行考察工作时未必能确保安全。所以，在这个短暂休整期间，我除了让那条受伤的腿休息外还有很多事要干。为了指挥平面测量工作，我常试图走几步，腿大概因此又拉伤了。所以，从甘州出发到现在这一个月的时间，我的腿几乎没什么好转的迹象。

第二节　翻越天山最东段

　　休整期间，凛冽的北风几乎刮个不停，但我们还是恢复了体力。9月20日，两队人都出发了。显然，摆在我们面前的最后一段行程中也有难走的地方。我打算穿过喀尔里克山雪峰以远的天山的最东段（那里还从来没有人考察过），一直到下马崖。根据俄国地图和卡鲁特斯先生的考察，下马崖是喀尔里克山东北最后一个永久性居民点。过了下马崖后，我计划沿着喀尔里克山的北坡，经过人们相对来讲比较熟悉的地面，到巴里坤和古城去。的确，格卢姆·格里什迈罗先生的地图和俄国边境地图中标了一条道（关于那条道的信息，他们是从当地人那里听说的），大概可以把我们从明水带到计划中的那个方向。但由于这些资料所标地点的名称和各地点之间的距离有很大出入，所以我并不指望它们能提供多少帮助。我更不敢太相信剩下的这个汉人向导。据他说，他曾经跟着驼队从明水到过巴里坤，而在我拿出地图来时，他却说不出那条路经过的任何地点了。

　　不管怎样，我们应该大体朝西北方向走。两队人马从213号营地出发后，一起沿这个方向从谷地中下来。在那里到哈密去的那条清晰的道从干河床上岔出来，朝西延伸过去，而另一条很模糊的道继续沿着干河床朝西北方向延伸。我们在这里同穆罕默德·亚库卜分别，并继续顺着越来越宽的山谷往下走。在离明水营地约8英里处，西边那些陡峭的圆锥形山峰变矮了，使我们望见了远方喀尔里克山闪闪发光的雪峰。后来证明，我们离喀尔里克山最近的一处也仍有100英里远。尽管如此，这个景象仍让人十分鼓舞，当天和第二天我们都把雪峰作为方向标。

接着，我们沿着一块石高地的缓坡往下走。当天走了19英里后，我们在一口水井附近扎了营。这口水井位于一条浅河床中，深只有2~3英尺，我们队中的那个汉人管这个地方叫东二山。在到那里之前不远的地方，我们似乎穿过了北山外围山脉的一条豁口。这条山脉虽然比谷底高不了多少，但它们陡峭的圆锥形山峰以及受了很多侵蚀的黑色山坡，都给人留下很深的印象（图91）。山脚下似乎有很多灌木，一群野驴在那里吃草，阿弗拉兹·古尔还蹑手蹑脚成功地捉到了一头。

9月21日的行程十分单调。我们仍沿着来自明水的那条河床走，从北山铺满碎石的北边缓坡下来。东二山附近的北山仍有一个圆锥形山峰，高达6 760英尺。但山脉越来越低，终于被北山山系北脚下的碎石和砾石淹没了。在广袤的碎石地面上的最后一道石山，可以望见远处明水以西较高的第一条北山山脉。浅河床中长着很多可以在石头上生长的灌木以及低矮的多刺灌木。显然，有时山中是有洪水泛滥到河床中来的。

这一天的行程快结束的时候，我们走的那条谷底越来越像一条沟了，两侧是轮廓分明的台地。道路是沿着台地上方的砾石萨

图91 扎营在北山的东二山井

依延伸的。在离营地约25英里的时候，我们来到了一个地方，那里的谷地拓展成了一片长满芦苇的洼地。在洼地我们发现了一处大泉眼，泉水流了约70码远，然后消失在一片长满芦苇的沼泽中。我们从毛目带来的汉人向导说这是镜儿泉。镜儿泉是由明水谷地流来的地下水补给的。我们的营地扎在镜儿泉边有肖尔覆盖的岸上，营地的海拔为4 020英尺。这一天，我们从东二山一直往下降了约1 800英尺。这个事实再加上前面的地面状况使我确信，我们现在到的这片宽阔洼地，就是安西—哈密道在烟墩附近穿过的洼地，洼地的名称就叫烟墩沟。这条分界线将北山山系和天山山系分隔开来，它终止在北山西段一个还没人考察过的地方。

9月22日早晨，我们继续沿宽阔的干涸河床左岸上方布满碎石的台地走。在营地不远的地方，我们不得不穿过河床的一条分支（来自南方），这条分支深30英尺。主河床大约宽0.75英里，从215号营地开始，它向西北延伸了约4英里，然后折向西边。向西走了1英里，我们就穿过了河床，踏入了迷宫般的地面。地面上都是被侵蚀过的花岗岩小山，小山间是长满灌木的小谷。这是一条山岭的最后一支，我们此后在西边就是绕着这条山岭走的。过了这块比较高的地段后，我们遇到了一条很深的干河床。它宽约30码，"源头"似乎在东边远处的山中。从它的走向看，它在下游和来自镜儿泉的那条河沟汇合在一起了。

过了这条河床之后，地面起初是平的，然后逐渐倾斜到了一处宽阔的扇形砾石盆地中。盆地里长满了灌木，有很多浅沟。浅沟都是从山区朝南"流"，是属于天山水系的。不幸的是，大概是刮起了不大的西北风的缘故吧，从早晨起尘沙就遮蔽了远处的所有山脉。在第一条较大的沟附近，空盒气压表显示海拔有4 100英尺，只比镜儿泉稍微高一点。所有这些河床都大体是西南走向，肯定也汇入了烟墩沟。从明水到哈密去的道在梧桐窝子休息地附近穿过烟墩沟，梧桐窝子位于此地西南约20英里的地方。在烟墩沟这条巨大的干涸水系中，主要的支流是来自北山还是天山，这个问题需要进一步的考察才能回答。但可以肯定的是，烟墩沟流域朝东伸展了很远，而以前的地图却没有体现出这一点来。

我们又朝西北走了12英里，穿过砾石缓坡，这才来到了天山脚下的第一条小山脉。我们沿一条峡谷往上走（谷底宽300码）。向导到西北的一条侧谷里找水，却一无所获。但很快我们就遇见了一丛胡杨树，胡杨树附近的芦苇丛中还有一眼泉水。发现了这个地方真令我们极为欣喜，因为自从离开砾石萨依后，我们就找不到路的任何迹象了。这里向北连着一座高原，视野非常开阔。但在远处望到的那一条锯齿状的陡峭山脉却使我们忧心忡忡：在没有可靠线索的情况下，我们怎么才能找到一条豁口，让这些已经受了严峻考验的骆驼过去呢？

9月23日早晨，我们的那个"大路弟"似乎从晕头转向的状态中清醒了过来。他坚定地声称，我们扎营地的这眼泉水就是"大石沟"（可能是作者拼写有误，应为"大石头"——译者）。在毛目，人们说的路线中就提到了"大石沟"。他说他现在想起方向来了，并带着我们在高原上往西北走。这个方向不会使我们离下马崖（我们在山北边的目的地）太远，所以我就跟着他走。我们在这个缓缓抬升的高原上走了约7英里，高原上大部分地方都布满了碎石，碎石上矗立着低矮的石山和小丘，山丘上的石头看起来像是粗面岩。然后我们遇到了一条洼地状的山谷，谷底是沙子，沿谷岸有大量灌木。谷两侧的陡崖高100多英尺，西北—东南走向，倾角几乎是垂直的。悬崖表面和我们后来遇到的暴露的岩石一样，比北山两侧的岩石分解的程度要轻得多。又往前走了3英里，谷底逐渐变宽，谷底的沙子中出现了水分的迹象。沙子所在的地方是一条季节性河床。我们在这里挖了不到1英尺深，就冒出了甘甜的淡水。同样令人鼓舞的是，我们在岸边找到了马能吃的很好的牧草，甚至还有几丛晚开的野玫瑰。

这些迹象都表明，此地的气候是比较湿润的。我们沿着山谷朝上走的时候，一路仍然是这样的景象。我们还路过了一处长满芦苇的泉水，泉水附近有几个粗陋的院子，看起来像是牧人栖身的地方。于是我们开始希望，这条不太清楚的路就是我们热切盼望的那条过山的道。后来我们发现，怀着这种心情是很有必要的，但要再过一段时间我们的愿望才能实现。离营地18英里的时候，我们来到了谷口。这时，那个一直信心十足的向导却说，他发现自己走错了，真正的道路在我们后面，就在发现水的附近朝北延伸的侧谷中。我们不知道在前面山谷最高的这一部分或过了山谷之后能不能找到水，所以只好折回来，当晚扎营在已经过的粗陋建筑附近的泉水那里。

在217号营地，我决定花一天的时间来寻找那条大路。向导坚信，只要向东南走一小段距离，一定会遇到大路的。在此我就不必赘述这次漫长艰苦的寻找工作了，我们这位可怜的"大路弟"开始变得行为怪异，最后简直有点发疯了似的，他的这种举动更引发了一系列小插曲。在此我只想说，我们先沿山谷下来，然后向东边的高原上寻找（高原上有不少河沟，是谷地中这条河床的支流）。我们的确发现了骆驼能吃的牧草，也的确有迹象表明曾有人来过，但无论如何都找不到过山的路。那不幸的向导现在因绝望而变得十分固执，又带着我们穿过一座支离破碎的高原往东南走了7英里。根据我们现在的位置和大石沟的位置来判断，从大石沟往北的任何道路都不可能不从这里过。确信了这一点后，我又回到了山谷中，因为我们在那里有幸找到了水，在218号营地附近还有很好的草可以牧马。

现在，向导的命运又使我们担心了。他为了寻找大路，一个劲往前冲，我派两个人去追他，在天黑之前也没有追上。但天亮后他回来了，神情阴郁而绝望。他说如果我继续往西北走，就会走到无法通行的地区，会在无水的戈壁上丧命的。这个不幸的人是如此急切地想把我们带回到大路上去。考虑到多种情况，我后来想到，大路可能在东边很远的地方，我们在镜儿泉大概就没走对路。我的一个突厥仆人后来对我说，在镜儿泉照看马匹的时候，他注意到了一条向北延伸的宽路。照这个线索是否就能找到去下马崖的真正大道，我只能把这一问题留给将来的某个旅行家了。

9月25日，我们又一次到了山谷口。在出发之前，我让人在两个储水的铁桶中装满了水，此外所有的羊皮囊也装满了水。当我们接近谷口时，我注意到右边壁立的悬崖几乎是垂直的，高80多英尺。悬崖上的岩石是红色的，看起来像粗砂岩，有明显的分层，东西走向。在离218号营地9英里的时候，我们来到了一个平坦的鞍部。它的海拔比6 000英尺稍低一点，从那里可以完全望到喀尔里克山的主峰以及喀尔里克山脉东段的南坡。雪峰则被云遮住了。鞍部的这个分界点，位于我们走的那条山谷和西南的另一条山谷之间。令我十分欣慰的是，我发现道路在这里折向了西北，沿着一组小高地延伸（高地之间被低矮的石岭隔开）。道路绕过一座陡峭的山丘，山丘的东段高达9 200英尺。这里的岩石似乎也是东西走向的红砂岩。这样走了约3英里后，我们到达的地方是山脉中轴线上真正的分水岭，海拔6 000英尺。过了分水岭后我们又进入了一条山谷，发现它是北—北西走向的，这真是群情激昂，大家都希望沿着这条谷地能走到下马崖去。

开始时，山谷的坡度很缓，两侧是低矮的山崖，山崖之间的地面长满了灌木，十分宽阔。我们望到有一些山区绵羊在吃草，还有大群的石鸡。但在走了约1英里的时候，山谷变成了一条深深的峡谷，两侧壁立着成百英尺高的陡崖。悬崖由西—北西到东—南东走向的花岗岩构成，倾角几乎有90°。只在离分水岭约4英里远的一条侧谷的谷口有一丛芦苇。除此之外，石崖和窄窄的谷底几乎没有什么植物。越往下峡谷越曲折，有时两侧的石壁几乎要合拢了似的。所以，当暮色降临，大家不得不在窄窄的谷底扎营时，我真是忧心忡忡，生怕峡谷最终会变得太窄，以至骆驼没法过去。在这一天的行程中，我们没有看到一个中国式的用以标明道路的圆锥形石堆。但使人们略感欣慰的是，山谷中不时可以看到一堆堆小石头，堵在错误的侧谷谷口，以免人们迷路。这是新疆常见的做法。对我手下的人来说，这意味着他们不再处于野蛮的"黑大爷"（此为对新疆汉人的贬称，又作契丹——译者）的地区了。峡谷中一路的景观很像我在喀尔里克山南脚下的庙儿沟以及吐鲁番盆地与焉耆谷地之间看到的情景。无疑，我们现在置身其中的山区是属于天山山系的。

峡谷是朝东北延伸的，这使我和拉尔·辛格都觉得有点不安，因为如果是这样，它就有可能把我们带到离下马崖很远的地方，而只有在下马崖才有希望找到水。而且我们身后一段距离之内都没有任何道路的迹象了。人们不免猜疑起来：这条令人憋闷的峡谷的出口（指骆驼能出去的地方），会不会在某一条侧谷中呢？9月26日早晨，我们继续走了2.5英里后终于"获救"了。我的一个叶尔羌仆人依斯马勒·帕万在大家焦虑心情的影响下，也被激发出了少见的积极性。他爬上了谷西边的悬崖，我们听见他兴奋地大叫。回来后他说，我们面前这个崎岖的山崖外面是个辽阔的不间断的萨依。他在远处还望见了一个黑点，他觉得那是树木和房屋。当我们继续沿谷地往下走的时候，左边那道山崖很快变得不那么崎岖了。在某一点上，我们发现了一条小侧谷，马沿着小侧谷驮着我的担架到了山顶上。

一幅壮丽的景象展现在我们眼前。在西边和西—北西方向的远方，可以清晰地望到喀尔里克山的雪峰，山的北坡一直到海拔9 000英尺的地方都是最近刚下的一场雪，看起来像粉末似的。一堆乱糟糟的黑山从雪峰上连下来，并连到一座光秃秃的高原上。高原上有一条谷地。显然，灌溉着偏远居民点阿达克和淖毛的那条溪流就是从这个谷地流出的。在高原以远的西北方向还有一条更远的积雪的山脉，那就是俯瞰着巴里坤的山。在我们身后的西南和南面是光秃秃的低山（图92），遮住了喀尔里克山东段

图92 俯瞰着巴依的喀尔力克山脚下的小山

的高峰。通过望远镜，我在大致正北方向看到了一块暗色的耕种区，那是我们的目的地下马崖。光秃秃的萨依向下马崖一直延伸过去。这块萨依很容易使人产生错觉，但下马崖比我们现在站的地方（海拔4 450英尺）要低得多，而我手头最新的地图却把它标成6 000英尺。东北方的景象单调而辽远，也很引人注目。一块布满砾石的巨大沙漠谷地一直伸展到了远处雾霭蒙蒙的小山脉脚下，小山脉是阿尔泰山系的一部分。在这里，我最深刻地体会到了天山以北广大地区地貌状况的多样性。为方便起见，人们把天山以北地区叫作准噶尔。

我们在起伏和缓的砾石萨依上轻松地往下走了11英里，遇到了第一处植被。植被出现在一块土质很干的草原上，草原上点缀着很小的红柳沙堆。沙子都堆在红柳沙堆的东北坡，这表明在对流作用下，盛行风是从"雪山"那些寒冷的高峰上吹下来的。又走了1英里后，地势陡然下降到一片长满芦苇的洼地中，那里的地下水汇聚成了沼泽中的泉水。最后我们终于到了那个散乱的小村。它坐落在一条深沟中，当我们走近它时，发现它几乎被沟岸遮住了。我们立即受到了突厥式的热情欢迎，使我们十分高兴。尤其令人放心的是，这的确就是下马崖，一个隶属哈密的村庄。我们在沙漠中几乎连续走了四个星期才到了这里，途中没有损失一只骆驼，想到此我不由深感自豪。而我们那个可怜的汉人向导几乎一直到最后都坚信，我们去的地方，只不过是骗人的鬼怪在我们的头脑里种下的幻觉罢了。

下马崖大概是准噶尔最东边的居民点了。但这里的一切所反映出的生活方式，都是我在塔里木盆地熟知的。在这度过的愉快的一天里，我似乎又被带回到了遥远的塔里木。我的帐篷立在一个小果园中，果树仍然枝繁叶茂。灌溉着田地和花园的水都是喀拉苏这条宽阔河床上游的泉水。在村子的磨房测得的水流量只有2立方英尺／秒。人们说山中的水从来没有泛滥到这里，而村子的位置就在河床之中，由此判断他们说的似乎是正确的。喀尔里克山以北大约有6块隶属哈密的耕种区，其中西边的下一站伊吾（即哈密）据说是最大的，约有100户人家，下马崖则有约50户。但在山谷中和再往西的喀尔里克山的低矮山坡上，有很多不同程度地具有游牧性质的突厥家庭放牧着牛羊，他们大概占这个虽然不大却很有意思的山脚地区人口的很大比例。这里的人们穿的是半汉族的服饰，但我认为，与喀尔里克山以南绿洲中哈密王统治下的那些同胞相比，这些塔格里克人的语言和生活方式中保留的突厥族特征要多得多。

关于从甘肃那边来的道路，我在村民那里没打听到任何消息。显然，沿那条道走的为数不多的驼队并不经过下马崖，而是直接到伊吾去，那里的牧草、食物等都很充足。但我仍搞不清楚，为什么我们在去下马崖的途中没有发现那条道的痕迹。下马崖人承认，夏天的时候他们会在我们穿过的那段山区放牧骆驼和驴。他们似乎把那段山区笼统地叫作玉木塔格。他们还提到，在查干伯尔伽斯布拉克和古特哥伊布拉克有泉水。这两个地名系蒙语。关于向东北的蒙古戈壁中去的道路，下马崖的人提供不出什么信息，或者是不愿提供信息。但这样的路是存在的。耕种区西南端，即上面说的那两眼泉水附近有一座堡垒遗址，那座堡垒是为了抗击来自那条道上的敌人而建的。我派阿弗拉兹·古尔到那去作先期考察，从他的报告和带回来的照片看，堡垒似乎是中国人建的，年代不是很古老。从阿弗拉兹·古尔的草图来看，这座堡垒四周是正方形围墙，从里面看每条边长320英尺，南墙和北墙中间有大门，围墙四角有长方形棱堡。墙用土夯筑而成，厚8英尺，不太高。有一排兵营般的小屋子的墙基和围墙平行，墙基都已严重毁坏了。塔什布拉克也是一座这样的堡垒，是中国人建的，不久以前仍有驻军，以保卫从下马崖和伊吾方向来的穿越喀尔里克山道路的南口。它大概是在康熙、乾隆年间，清朝平叛准噶尔部叛乱时修建的众多堡垒中的一座，其目的是保卫刚刚攻下的哈密这个立足点，而攻克哈密在清朝收复新疆的过程中有举足轻重的意义。

最后让我们来看一下一个相关的问题：在中国内地同天山最东段地区的关系史上，我们走的那条从毛目和金塔到明水，并在明水分岔，形成到哈密和下马崖去的道路，扮演了什么角色呢？中国历史文献中是否提到过这条道，这个问题只能留给别人来解决了。但从这条道目前的自然状况来看，我们可以得出这样的结论：就普通的交通和军队转移来讲，它的重要性从来都是无法与穿越北山的安西—哈密道相比的。还有一个事实可以证明这一点：

这条道在耕种区之间需要走的天数，几乎是安西—哈密道的两倍。

　　同时，有一点也是可以肯定的：对想要劫掠甘肃地区的小股强悍的游牧部落来讲，我们走的这条道不会有太多障碍，甚至小规模的部族迁徙也可能会沿着它走。一旦控制了天山南北，安全就能得到保障，只要用骆驼运输一定数量的商品就一直都走这条路和西边那条与它平行的路，而不太愿意走安西—哈密道。安西—哈密道沿线的牧草要有限得多。之所以如此，不仅是因为疏勒河尾水以北的荒凉地面越来越干旱，而且只在那几眼泉水附近能找到的小块植被，也必定会因为不断来往的交通而变少了。

第三节　经过喀尔里克山和巴里坤

　　9月28日，我从下马崖出发，踏上了四个星期的行程。在这段时间里，我沿天山北脚朝西走，一直到了古城附近的北庭都护府遗址，然后向南穿过积雪的天山，下到了吐鲁番盆地。吐鲁番盆地将是我们冬天的大本营，考虑到在那里开展的工作大概会需要很长时间，我们必须尽快赶到那里。我们走的是直道。这条道除了最后一部分，所经地区的地形多是人们比较熟悉的，也就没有进行多少新的考察。但由于历史和地理上的特殊原因，我想尽量多看一看天山以北地区。由于自然条件上的特征，天山北脚下的地区在历史上的民族大迁徙中扮演了重要角色，如大月氏、匈奴和突厥人的向西迁徙。

　　过了哈密和巴里坤相连的山口向西，我们只能沿大道走，它把哈密和准噶尔南部所有主要地点都连接了起来。每当中国的商贸和政治影响力伸展到中亚，这条道都会扮演交通大动脉的角色，现在的旅行者也常走这条道。同样，在山口以东，我们经过的喀尔里克山脚下的地面状况，已经被一位特别有能力的学者卡鲁特斯先生考察过了。所以我现在只需简单说一下我们去古城的行程，和详述同此地的历史直接有关的地点。

　　第一天我们从下马崖走到了伊吾，它是喀尔里克山以北最大的村落。从那里很容易看出来，西边天山两侧的地区气候变得不太干旱了。因为，当我们沿一条和喀尔里克山平行的天山外围山脉的砾石缓坡往下走了很久，终于下到了西边一条谷地中时，我们发现潺潺的小溪灌溉着农田。小溪直接来自喀尔里克山海拔12 000英尺以上峰顶的小冰川和永久性积雪。小溪的水量很大，有一个事实可以证明这一点：在伊吾下游形成的小河，流经这条外围山脉之后，仍有足够的水量灌溉淖毛的农田。淖毛是个小村子，坐落在那条外围山脉的脚下，离伊吾约有30英里。伊吾的头人阿布杜拉尼亚孜向我们透露，他拥有300多匹马，还有一大群羊，都放牧在喀尔里克山的北坡，这足以证明那里的牧草是多么丰茂。据人们估计，哈密王放牧在那里的羊有1万只以上。据说，有大约四个月的时间，伊吾的积雪厚达2~3英尺，而夏天的时候降雨是相当频繁的。冬天的时候，所有的牛羊都被赶到北边的山谷中去，那里的降雪足够它们饮用，植被也很丰富。有了这样有利的放牧条件，无怪乎我们在好客的头人阿布杜拉尼亚孜家里目睹到的生活舒适程度，几乎可以算得上是乡村的奢侈了。

第二天我们继续向西朝着吐尔库里湖[1]盆地走。我们可以完全望到喀尔里克山的雪峰。即便在喀拉辛吉尔的石高原上，也有丰富的灌木和不太高的草。这个高原海拔7 000英尺，把吐尔库里湖盆地同伊吾谷地隔开了。我们当晚住在吐尔库里的塔格里克人头人的帐篷里，在那里我同样感受到了游牧民族悠闲、富足的生活。这个帐篷当时位于吐尔干河上。头人管辖下的人还在河下游接近吐尔库里湖的小块耕种区上种植燕麦。但这些小耕种区附近的泥屋子并不是总有人居住。11月的时候，整个部族的人都迁到北边的谷地（也属于这条外围山脉），那里有冬季牧场。冬天已经临近，当我们离开这个令人愉快的突厥人居民点时，吐尔干河已经开始结冰了。

9月30日我们足足走了32英里的路，越过了把吐尔库里湖和巴里坤湖隔开的分水岭。我们深刻地体会到了这块地面上的牧草是何等丰富，而变化了的气候条件就是这种现象的原因。一条宽宽的草地环绕着吐尔库里湖和湖滨靠泉水补给的沼泽。哈密王有一群群的马放牧在这里。据说，从西北向湖边延伸过来的那条叫甘沟的宽谷中，牧草丰盛。谷中的溪流是从前面提到的那条外围

---

1 我常听到人们把这个湖的名称念成"吐尔库里"，有时也念成"托尔库里"。

山脉的南坡流下来的。谷"头部"的山脉高达11 000英尺，人们说这条山脉的最高峰上整个夏天都有积雪。在我们经过的时候，极低的山坡以上就覆盖着刚刚下过的雪了。南边的喀尔里克山也是这样。吐尔库里湖与巴里坤盆地之间的分水岭是一条很宽的山脉，从喀尔里克山向西北延伸。我们沿一块石萨依往山上走，发现灌木很多。鞍部几乎是平平的，在比鞍部（海拔7 290英尺）高约500英尺的山坡以上是针叶林（大概主要是冷杉）。在后来往巴里坤走以及过了巴里坤后很长一段路上，我们都能一直望见森林。天山北坡海拔7 500~9 000英尺之间也是针叶林。从这一点我们可以看出，天山山顶是一条非常明显的气候分界线。因为，在天山南坡，从哈密以东及以北的喀尔里克山一直到俯瞰吐鲁番盆地的高山，都是没有任何森林的。

在长着草的宽阔鞍部上，向西能看到的景象十分开阔，而且十分引人注目，与我1907年在哈密和辟展（今鄯善——译者）之间看到的布满砾石的荒野完全不同。鞍部是一条朝巴里坤湖伸展的宽阔的谷地，夹在南北两侧的山脉之间，谷底是辽阔、平坦的草地。两侧要么是有森林覆盖的山坡，要么是长着植被的起伏的高地。巴里坤的这条大谷地东西长足有100英里，若从两侧山脉顶部算起宽30英里。由此我们很容易明白，不论谷中住的是游牧民族还是定居的人，湿润的气候对经济都是很重要的。

谷地最东段地势都较高，非常适合放牧，那林库尔牧场是其核心。我们发现，隶属哈密王的突厥族"塔格里克"人占据了这里，他们住在毡帐中，随季节迁徙。在库塔尔里克，我们受到了其中一位名叫苏鲁克尼亚孜的"库尔马勒"的热情接待。从他的夏季住所的舒适和富裕程度，很容易猜想到这些头人拥有多少牛羊。成垛的羊毛、皮革等堆放在那里，等候着敢于经商的喀什噶尔人的到来，他们把巴里坤的东西运到遥远的西伯利亚去卖。

10月2日，我们从肖尔布拉克的营地出发，经过了一条欢腾的小溪。小溪是从东南边一条树木茂密的侧谷中流出来的。在这条条溪附近，居民的民族构成完全改变了，特别引人注意。在这里，我们出了哈密王的统治区，山区游牧部落最后的毡帐已经被甩在身后了。谷底的平原越来越宽，牧草同前面经过的地区一样丰富。但再往前走就看不到什么牛羊了，只有一块块零星的平整的田畴，还有一个个不大的汉人农庄。一直到路边驿站奎苏，乡村的景色都没有发生什么变化。我们从奎苏来到了沿哈密过来的大路上。第二天，一路上景色依然没有变化。冬天的天空是灰蒙蒙的，山上堆积着乌云，大概要下雪了。这一天我们走了很长一段路，来到了巴里坤城。从巴里坤达坂西边，一直到巴里坤城附近，南边的高山顶上几乎是终年积雪。很多溪流从南山上流下来，宽宽的针叶林带以下也是一片葱绿。这里的针叶林带朝下一直延伸到了海拔约7 000英尺的地方。流进谷底平原的小溪给农田提供了充足的灌溉水源。

谷底既宽阔又肥沃，但实际的农田很有限。在这片如此适合放牧的地方，却完全看不到牛羊群。而且，目前这里只有汉人居住。这些现象都是同巴里坤的历史有关的。而它的历史之所以如此，又是由它的地理位置决定的。所以我要先说一下它的地理状况，然后再简单说一下在中国内地同天山南北地区的关系史上巴里坤扮演了什么角色，对此又能找到什么相关资料。巴里坤盆地和它东边连着的吐尔库里盆地一样，属于天山山系的一部分。西边的天山有很长一段都是不太高的山脉。而这里，在东经92°～94°30′ 之间，天山却变成了两条很高的平行山脉，环抱着这两个盆地。南边那条山脉位于天山的主线上，很多地段都高于终年积雪线。这样的地段在巴里坤塔格长约35英里，在喀尔里克山长约26英里。有的山峰高达14 000英尺。北边那条山脉我还没找到合适的名称[1]，它中部的山顶逾11 000英尺，大概有几块地方是终年积雪的。

南边那条山脉很高，这使山上和山北边盆地中的降雨量比喀尔里克山以东或巴里坤盆地以西天山北坡的降雨量要多得多，因而气候比较湿润。我们在上文说的那两条经线之间，其北坡有很茂密的针叶林带，针叶林带以下以及整个谷底都是草场。从这些现象上都可以看到湿润气候的影响。巴里坤盆地海拔都不会比5 000英尺低很多，而吐尔库里盆地整个海拔都在6 000英尺以上，因此造成的气候条件比盆地南北地区更加适合牧业。北边地区我知道的情况不多，只晓得它地势要低得多。而且，虽然这片戈壁

1　我听见人们把东边的吐尔库里和西边的那林库尔之间的那段叫科克墩。

上有成串的水井，沿某些路线可以走过去，但在到达科布多东南的小山脉（它是阿尔泰山系的外围）之前，牧草是极少的。

巴里坤塔格以南的地区，则一片荒凉，布满了石头和沙子。只有在山脉寸草不生的缓坡之下，地下水才在几个地方汇集了起来。哈密和塔兰奇之间那几片靠灌溉维持的小绿洲就是这样形成的。绿洲附近即使有小块的沙漠植被，也几乎难以满足哈密—吐鲁番道上的交通，以及小居民点不大的畜群冬季放牧的需要。哈密周围和东边地区的条件也与此类似。从喀尔里克山来的能用于灌溉农田的水量极少，所以包括哈密在内的为数不多的几片绿洲都不大。而山南坡是十分崎岖的，除了几条又窄又深的山谷中可能有点植被，山坡上几乎寸草不生。

从以上这些粗线条叙述的地理状况中，我们可以得出两个有历史意义的结论。其一，巴里坤盆地和它东边连着的吐尔库里盆地，对暂时或长期居住在蒙古西南部的游牧部落而言，是特别有吸引力的。另一个同样明显的结论是，这些游牧民族都很好战，他们占据了巴里坤盆地，必然会对南边的绿洲构成持续的、极严重的威胁，也会威胁到经过那些绿洲的大道上的商旅。由于自然条件的限制，那些绿洲都很小，人口不多，无力自卫。同时，俯瞰着它们的山脉也并不能挡住北边来的人的劫掠和进攻。因为那个海拔约 9 200 英尺的叫巴里坤达坂的山口，从来都没有被雪完全封住过，一年中大部分时间都能通车。哈密和巴里坤之间的道路就经过这个山口。通过这个山口，巴里坤盆地东端的人可以很容易就直达哈密绿洲和它附近的所有居民点。此外，两侧还有其他山口位于雪山之间较低的地方，骑马的人同样也是可以过去的（大概只在深冬有时无法通过）。

这样，由于地理上的因素，哈密和巴里坤盆地之间就存在了一种战略联系。而经过哈密的路，是从甘肃到天山南北两侧最直接、最容易走的路。从中就可以得出这样的推论：要想保证这条路的安全，就必须有效控制巴里坤盆地。中国文献中记载的两地的古代史和近代史，都很好地说明了它们之间的联系，以及这同从安西和敦煌方向使用这条沙漠要道的人有什么关系。

第四节　巴里坤和哈密之间的历史关系

《汉书》没有直接说明巴里坤和哈密之间因地理状况而产生的历史联系，但《汉书》的记载仍很值得注意。我们知道，公元前121年，在汉武帝的统治之下，中国的商贸和政治影响力第一次向塔里木盆地拓展。那之后200年间，匈奴人（或称胡人）虽然被汉朝军队从天山北脚下那条要道赶了出去，但他们仍控制着天山以北的地区。他们不断威胁到汉朝对塔里木盆地绿洲的经营，而且也威胁着那条偏远的交通线。这条交通线把塔里木盆地的绿洲经罗布沙漠同甘肃最西段联系在了一起。汉长城被修到了敦煌以西，就是为了保卫这条交通线不受匈奴的袭击。

公元元年后不久，西汉就灭亡了。从那时候起一直到25年东汉建立后，在50多年间，哈密和经过哈密的道路完全处于中原王朝的统治范围之外，甚至也在中原王朝的军事考虑之外。正是这个原因，在《汉书·西域传》中没有提到哈密，也没有提到巴里坤地区。在这段时间里，巴里坤地区肯定是被匈奴控制着，匈奴以它为大本营，进攻东南方位于北山地区的汉朝边境。在别的地方我曾说过，就是因为持续地受到来自天山最东段的匈奴的威胁，北新道才选择了那样的路线。这条道是中国于公元2年开通的，始于古代玉门关，以便联系车师后国（即现在古城附近地区）。和南边不远的吐鲁番一样，车师后国也很早就被纳入了中原王朝的控制之下。要想到达那里，经过哈密的道路无疑是最容易走的。但是，中原王朝一向有面对艰苦的自然条件的心理准备，而不愿面对野蛮的敌人。为此，他们让北新道远离哈密。北新道经过的地面虽然是荒凉的沙漠，但至少不会受到那些可怕的敌对游牧部落的袭击。

汉朝对西域地区的控制就这样彻底中断了60多年。但在汉明帝时期，大概是由于匈奴势力的削弱，汉朝采取了一些行动。主要是在名将班超的努力下，塔里木盆地和附近地区再次被纳入了汉朝的控制范围。这一次，汉朝是从哈密和天山最东段那个方向展开攻势的。因此，《后汉书》中比较多地提到了巴里坤地区和那里发生的历史事件。有一个有趣的汉文碑铭进一步补充了这些资料。这个于公元137年刻勒的碑铭被发现于巴里坤城附近（按，指《汉敦煌太守裴岑纪功碑》，记永和二年诛呼衍王，克敌全师之功——译者），沙畹先生将它发表在他杰出的论文集《中亚十题铭》中。书中沙畹这位伟大的学者还收集了一些中国文献，它们有助于澄清中国在第二次向中亚扩张时，巴里坤扮演了什么角色。

有一段文献说的是公元72年在重新发动这次扩张之前，皇帝和群臣是如何商议的（按，永平十五年，明帝召窦固、耿秉等共议击匈奴之策——译者），从中可以看出巴里坤的重要性。文献说，一个后来被委以进攻大任的武将提出了下面的意见："首先应该进攻白山胡人，取得伊吾（哈密）……住在伊吾的是匈奴的南支呼衍部，消灭了呼衍部，就等于断了（匈奴的）左（东）角。之后就可以攻打匈奴了。"根据沙畹先生引用的一段当代汉文文章，汉朝的"白山"指的就是巴里坤以南的积雪山脉。但"白山"可能也包括附近的喀尔里克山，这样说大概是不会错的。

关于公元73年那次行动的记载，直接把我们带到了天山最东段。《后汉书》中说，为了攻打北匈奴，三支军队分别从酒泉（肃州）、居延（据说位于黑河尾闾附近）、平城（山西大同府附近）出发（按，实为四路，另一路出高阙塞——译者）。平城的那支军队显然是想攻击阿尔泰地区匈奴的"总部"，其余两支军队则分别是从东南和东边穿过北山进攻喀尔里克山地区。从肃州出发的那支军队到达天山，大开杀戒，打败了呼衍王，呼衍王逃往蒲类海（即巴里坤湖）。这一胜利是在班超的领导下取得的，为这个伟大的武将第一次赢得了声名（按，主将应为窦固。又焕采沟有汉碑，为班超征伊吾立碑记功。唐姜行本磨去其文更立碑。斯坦因之文或指此而言——译者）。然后他们在伊吾（即哈密）留下了一支守军。第二年（公元74年），汉朝军队从敦煌昆仑关（昆仑塞——译者）出发，在蒲类海边上击败了白山匈奴。他们还一直进军到车师（这个地区包括吐鲁番和吐鲁番以北的现在古城地区），并在那里设置了西域都护府（应为复置西域都护府和戊己校尉——译者）。

从上面说的这些文献中可以看出，中原王朝要想重新控制西域地区，就必须首先打败天山最东段（尤其是巴里坤大谷地）的匈奴，然后再攻下哈密，为从敦煌那边来穿越北山的最短、最好走的路赢得一个桥头堡。因此，只有击败巴里坤的匈奴部落，并从他们手里将哈密绿洲夺过来之后，中国才开通了哈密道。它迄今为止仍是中国和中亚之间的主要交通线。关于"呼衍"这个名称，沙畹先生说，它是匈奴的一大分支。司马迁就已提到它，说它是匈奴中最高贵的部族。如果是这个部族占据了天山最东段，大概表明，当时匈奴人已经充分意识到，巴里坤和吐尔库里谷地的自然条件对游牧生活是何等有利。

汉朝在公元73—74年虽然取得了胜利，却没有完全把这支强悍的匈奴部族赶出巴里坤地区。《后汉书》中提到了后来双方争夺哈密的斗争，就充分证明了这一点。公元77年，汉朝就从哈密绿洲撤退了，哈密再次落入了匈奴手中。只是在别的地方痛击了匈奴之后，汉朝军队才在公元90年收复了哈密。由于班超的努力，同一年，所有西域国家都归顺了汉朝。但这些成果在公元107年完全就丧失了，被征服的地区又落入匈奴手里。公元119年，汉朝再次采取了行动想夺回哈密，但汉朝军队在那里遭到了惨败。这样，匈奴从他们那个位于天山最东段的方便的大本营，就可以肆意劫掠甘肃最西部地区了。

敦煌太守张珰于公元123年向皇帝上了一封奏折，生动地说明了因此造成了什么样的局面。《后汉书》中收录了这个奏折。它是这样说的："在北匈奴中，呼衍王游移于蒲类海和秦海之间，并把自己的法律强加给西域诸国，联合他们一起进行劫掠。"考虑到这些因素，他觉得最好的办法莫过于从酒泉郡调集2万人，集合在昆仑关，"然后攻打呼衍王，这就相当于斩断了他的根"。我之所以引用这段文字，是因为它明确地提到巴里坤谷地和吐尔库里谷地是呼衍王的主要活动区域。敦煌边境地区尤其能感受到这位匈奴酋长的活动。赫尔曼博士说，"秦海"应当就是吐尔库里湖，它是本地区除巴里坤湖外唯一有可能在这样的上下文中出现的湖泊。考虑到张珰提议发兵的人数并不多，说明攻打的目标离敦煌不会太遥远。但皇帝没有采纳张珰说的"最佳办法"，而是在公元123年派班超的儿子班勇在吐鲁番盆地的柳中（即今鲁克沁——译者）建立了一个军事据点。公元126年，班勇打败了匈奴的呼衍王，并使"车师六国"从匈奴的压迫下摆脱了一段时间。

我们有理由认为，"车师六国"应该包括巴里坤盆地。在我们继续向西走的时候，我还会提到"车师六国"所包括的其他地区。在这里我只说一下《后汉书·西域传》是如何描述这几个小国的。

该书说："车师前国、车师后国、东且弥、卑陆、蒲类、移支，构成（所谓的）'车师六国'。六国北接匈奴。"人们早已认识到，这几国中的"车师前国"和"车师后国"分别就是吐鲁番地区和吐鲁番北边的古城地区，它们都位于天山南麓（按车师后国在天山北麓——译者）。《魏略》称"卑陆"为"毕陆"，名称稍有不同。根据《魏略》中所述的"北新道"沿线各国地理位置的先后顺序，"卑陆"很可能位于古城和乌鲁木齐之间天山北脚下的一串绿洲中。[1]那段天山很高，有积雪，被称作博格达山。

"车师六国"中的第五国"蒲类"的名称，肯定就是巴里坤湖的古名。但沙畹先生已经指出，根据《后汉书》的记载，"蒲类国"必定位于巴里坤湖以西很远的一条天山谷地中，大概还在乌鲁木齐的西边。沙畹先生还指出，在《后汉书》的同一章节中，有一段文字很可能解释了为什么"蒲类"这个名称会被移用到西边。文中说，在西域诸国都受制于匈奴的时候，"蒲类"王触犯了"单于"（即匈奴的最高首领）。单于大怒，把"蒲类国"6 000多人流放到一个叫"阿恶"的地区。"阿恶"离车师后国有90多天的路程，位于匈奴的最右边（即最西边）。但某些被流放的人不堪其苦，"逃

---

1 在评论《魏略》中列的各国时，沙畹先生正确地意识到，各国是从东向西排列的，应该注意这个顺序能提供给我们的地形线索。

"且弥"、"卑陆"和"蒲类"都分成东西或内外两部分，它们也出现在《汉书》卷九六的"西域传"中。但按照沙畹先生的看法，《汉书》中记载的方向、距离都太混乱了，无法给我们提供关于这些地点位置的正确线索。

到了这个山谷定居下来，并建立了一个王国"。

紧接着，文中说，"移支占领了蒲类的领土"。沙畹先生由此认为，移支位于巴里坤湖地区。他显然是对的，对移支国民的记载也与这个位置完全一致。"移支国有一千多户人家，三千多人，二千多骁勇善战的勇士。"按照《后汉书》的记载，移支国人勇敢、好战，惯于劫掠，过游牧生活，不从事农业生产。我们可以看出，不论《后汉书》中说的巴里坤谷地的移支人是被征服的一支匈奴人，还是别的什么起源，巴里坤谷地有利于牧业的自然条件自古就没有改变过。

还有一个国家——东且弥国的位置我们没有说。要想确定这个国家的位置，《魏略》中的西域诸国名单仍可以给我们提供地形上的线索。北新道从玉门关西北的沙漠中出来后，经过了车师后国的几个属国，其中东且弥国和西且弥国是最先被提到的。我在《西域考古图记》中已经说过，公元2年开通的这条联系着玉门关和车师后国的北新道，必定在一个容易走的鞍部穿过了天山。这个鞍部位于七角井和大石头之间，现在从哈密到古城的中国车道就经过那里。和附属于车师后国的其他小国一样，东且弥国肯定在天山北边。从巴里坤往西，过了上面说的那个鞍部后有一些谷地和高原，东且弥国应该就位于那里。我们在从巴里坤到古城的路上，也经过了那个地区。

这个地区的自然状况和《后汉书》说的东且弥国完全一致。《后汉书》中说，东且弥国有三千户人家，二千多名勇士；国民住在小屋子和帐篷里，靠放牧为生，只从事一点农业生产。巴里坤以西的天山海拔高度变得很低，到了将古城和吐鲁番隔开的有常年积雪的那段则又抬高了。所以，巴里坤以西的谷地中的水分就不太多了，直到木垒河以东，森林覆盖的山坡情况才有些改变。尽管如此，在大多数地方仍可以找到牧场和小块耕种区。越接近古城地区，牧场和耕种区就越大，地位也越重要。既然《后汉书》中并没有提及"西且弥国"，我们大概可以同意沙畹所引述的《后汉书》评论者的意见，即"西且弥国"可能已经被"东且弥国"吞并了。这也可以解释为什么"东且弥国"的人口比"移支"或巴里坤盆地要多不少。

上面我们概述了天山北麓的那些地区，巴里坤曾一度与它们有过联系。现在，我们来看看关于东汉时期的巴里坤还有什么别的历史资料。班勇使车师六国摆脱了匈奴的控制，但这种状态注定为期不长。我们读到，到了公元131年，东汉王朝就不得不在伊吾实行军屯，以防止匈奴把伊吾变成他们进行劫掠的基地。公元135年，车师后国又遭到了北匈奴呼衍王的袭击，东汉王朝从敦煌派出一支军队攻打呼衍王，但没有成功。

两年后，敦煌太守裴岑又出击匈奴，结果打了胜仗。关于这次胜利，目前仅存的证据只有一块碑铭。这块碑最初立在巴里坤湖边一座庙里，现在保存在巴里坤城西北角外的一座庙中（按，该碑原立在巴里坤城西25公里，清雍正七年即公元1729年，大将军岳钟琪移至将军府，撤兵时又移至城西25公里之关羽庙，裴文达奉命巡伊犁，亲见是碑，重拓归以遗大夫，名遂大显。——译者）。它记录了裴岑所取得的胜利，说裴岑率3 000人于公元137年在一次战役中打败了呼衍王和他手下的人。令人奇怪的是，东汉时期的历史文献都没有提到过这次胜利。但这个胜利的果实也未能保持多久。据《后汉书》记载，公元151年，呼衍王率3 000名骑兵劫掠了伊吾，被派往蒲类以东的一支汉朝军队被他彻底消灭了。当年，从敦煌派出一支汉朝军队营救伊吾。这支军队前进到了蒲类海，但行踪不定的呼衍王已经撤退了，汉朝军队无功而返。这是《后汉书》中关于西域诸国的最后几个事件之一。东汉末年，帝国内部分崩离析，帝国在边境以外的影响力也越来越弱。因此，几百年间都没有任何关于天山地区的资料。

在此后几个世纪里，天山北麓那些有诱人牧场的谷地很可能继续被匈奴占据。匈奴西迁后，柔然人、突厥人，以及从属于突厥的铁勒人都在这里居住过。直到公元7世纪初，隋朝才恢复了同中亚的关系，唐朝皇帝们又很快确定了扩张政策。这样，中国文献才又提到了这一地区的情况。据说，铁勒人（后来他们成为著名的回鹘人）公元605年战胜了西突厥的可汗，成了伊吾、高昌和焉耆的主人。伊吾的首领在公元608年臣服了隋朝，他的称号是突厥式的，大概他来自天山北麓某条谷地中的一个部落。之后伊吾又落入了西突厥之手，而唐朝直到公元630年才控制了伊吾。从上文我们可以看出，哈密绿洲和它北边的天山北麓地区，由于地理特征的原因，政治上也有相对独立性。这使得唐朝在公元630

年决定性地打败了北突厥的首领后，才得以把这个地区当作征服西域的天然大本营。

几年后，高昌王文泰和西突厥可汗袭击了哈密。于是，公元640年，唐朝大举远征西域，征服了吐鲁番。这次远征就其最终效果而言，还使唐朝牢固确立了对西突厥领土的绝对控制。有一块有趣的石碑，是在最终征服西突厥的这一年立在巴里坤山口上的（现在这块石碑仍在那里），碑中说的就是这次远征。碑铭很长，沙畹先生根据伯宁先生的拓片第一个将它校订并翻译了过来。唐太宗派了三支大军出征吐鲁番，碑铭就是赞颂其中一个大军的统帅姜行本的。公元640年农历五月，他率军队来到了"时罗漫"山顶，然后下到"黑绀所"，"一路砍树，直到山上的森林都为之枯竭"。在一个月之内，这支高昌大军就制造好了攻城的器械，如弩炮和其他武器。碑铭对姜行本将军及其所率部队竭尽赞美之能事，末尾是诗一般的赞美词，但这些都不能对当地情况提供什么资料。[1]但可以肯定的是，这支大军先过了巴里坤山口，然后到了"黑绀所"高山，因为，自古以来，在天山最东段以南地区都是找不到多少木材的。至于"黑绀所"究竟是什么地方我还无法判断，

---

[1]　但是，第三联反映了大批汉朝军队在穿过北山沙漠时必定遇到的艰难险阻。沙畹先生的译文是这样的："边界的云聚集着，困扰着道路；胡地的风使路整天看起来模糊不清。"（原文为法文——译者）这里指的是春夏两季时，穿越哈密以南沙漠的人经常会遇到的沙暴。

但它是天山北坡森林茂密的一个地方，离巴里坤山口很近。[1]

沙畹先生已经指出过，这份碑铭说的并不是该次战役的辉煌战绩（当年农历八月，唐朝军队攻下了高昌，这才取得了胜利），而是准备攻城车，是它最终为唐朝军队赢得了胜利。姜行本到达天山的时间和碑铭的凿刻时间相隔不长。对于这一点，《唐书》中关于姜行本的传记是这样解释的：这块石碑上原来刻着赞颂班超功绩的碑铭，结果碑铭被刮掉，刻上了后来的碑文。前面已经说过，班超这位著名的汉朝将军第一次扬名，是因为他在巴里坤湖畔击败了匈奴的呼衍部。560多年后，唐朝将军姜行本急切地希望别人把自己的功绩尽快铭刻在石碑上，因此我们就看不到原来那个大概更有历史价值的早期碑文了。

我们大概可以这样猜想：这次唐太宗进攻吐鲁番发兵数量极大[2]，因而便乘胜进军汉朝时叫"车师后国"的那个地区。这个地区后来成了"北庭都护府"，是确保唐朝控制西域的四个都护府之一。

---

1 "黑绀所"的字面意思是"黑紫色的地方"，大概是朝向布谷那特达坂的那条谷地的"头部"。从我们看到的北边山坡的情况来判断，那里的针叶林最为茂密。

2 从刻在石碑两个侧面的文字看，这次派出的唐朝军队有两个副统帅，每人率15万人。除此之外，还有大队的突厥和铁勒（回鹘）族的增援骑兵。如果是这样，似乎很难解释规模这样大的军队，在沿安西—哈密或哈密—吐鲁番等沙漠道走的时候是如何解决粮草供给问题的。但他们显然动用了交通线上的一切手段。我们在其他历史文献中曾看到过，中国人在处理"物资运输"问题是特别出色的，比如贰师将军穿过罗布沙漠，以及高仙芝越帕米尔高原和兴都库什山。

但《唐书》中说，高昌被攻下后，这个地区也就投降了。唐军的"总工程师"在"时罗漫"[1]山上督造的攻城车，在攻打高昌时被有效地投入使用了。

　　唐朝征服了吐鲁番地区后大约一个半世纪长的时间里，确立了自己对"西域诸国"的控制地位，但巴里坤谷地仍一直被突厥部落占据着。《唐书》中有一段关于"沙陀"的记载，说："沙陀"属于西突厥的"处月"一支，住在"金娑"山以南、蒲类海以东；有个叫"沙陀"的石漠，因此他们被称为"沙陀突厥"。该书中还有一段文字说，公元653年，"处月"的领土分成了两部分："金满"和"沙陀"。"金满"是北庭都护府的驻所，也就是今天古城西边的吉木萨，下文也将说到这一点。因此，我们可以这样猜想（沙畹先生就是这么说的）："处月"的一支占据了巴里坤湖以西的天山山坡，而另一支"沙陀"则占据着巴里坤湖以东的谷地。西突厥的可汗乙毗咄陆在公元642年和"处月"劫掠了哈密，这一史料和我们的猜想完全吻合。"金娑"山在别的地方似乎没有被提到过，大概就是一直延伸到吐尔库里谷地以北的那条山脉，它还伸展到了大约东经91°线附近。"沙陀大石漠"可能就在这条山脉的北坡上。关于北坡地区，我只知道吐尔库里和那林库尔的牧人冬天到那里去放牧。

　　《唐书》中称，"沙陀"是中国人在西突厥于公元658—659年

1　这个名称是对天山最东段的笼统称呼。

彻底失败后，在西突厥的广大领土上设立的"地方政府"之一。《唐书》中还记载了他们的某些首领的详细情况，一直记载到吐蕃人的进犯动摇了中国人对这一地区的控制为止。有趣的是，在唐朝灭亡后的动荡年代里，这些首领的后裔建立了几个都没有维持多久的朝代，即后唐、后晋、后汉[1]。

上文说的那个关于巴里坤的唐代文献之后约一千年间，似乎没有什么被翻译过来的关于这一地区的汉文资料。但可以肯定的是，在中世纪后期的大部分时间里，巴里坤和哈密一样，都是在回鹘首领的控制之下的。明朝时期，哈密历经了很多沉浮，这一段的文献比较多。但文献没有告诉我们在天山最东段以南的绿洲遭到劫掠的时候，巴里坤扮演了怎样的角色。康熙皇帝于公元17世纪末又实行了向中亚扩张的政策（这一政策已被搁置了足足900年）。当时，哈密已经在准噶尔人手里了。康熙于公元1696年在科布多大败准噶尔部的最高首领噶尔丹，这标志着中国开始重新收复古代它在中亚地区的领地。值得注意的是，就在清朝军队远在蒙古西北大败噶尔丹的那一年，哈密明确地归降了清朝，从巴里坤—哈密道上还设了一个哨卡（到哈密这个重要基地的其他道路上也都有哨卡）。

此后半个多世纪长的时间里，哈密尽管有驻军，但仍继续受到准噶尔部的威胁。文献中曾多次提到清朝派兵到巴里坤以及在

---

1 "沙陀"后来迁移到了甘肃，可能迁到了甘州以南的南山地区。

那里设置哨卡，来协助哈密驻军打败准噶尔部。公元1759年，乾隆皇帝成功地发起攻势，彻底收复了准噶尔和塔里木盆地。直到那时，联系新疆和中原的哈密道才算最终平定了下来。

在天山两侧，鲜明的地理条件是占支配地位的，人类活动很少能将其改变。所以，这里的历史不可避免地发生重复，甚至细节都会重演。公元1863年，由于新疆发生叛乱，甘肃也受到了影响，直到公元1873年才被清朝收复。左宗棠就是在甘肃做好准备，最终将丧失的中亚领土又重新纳入了清朝版图。

公元1874年，左宗棠发起了攻势。但攻势要想成功，收复哈密并把那里作为军事基地是一个必不可少的条件。他们沿穿越北山的那条直道走，拿下了哈密。去攻打哈密的那支清朝军队先是转移到北边遥远的蒙古地区，然后在公元1875年初攻下了巴里坤，于是哈密也很快被攻破了，从哈密穿过沙漠到东南去的那条直道才重新开通。有了这条道，才有可能逐渐集结军队。这些军队沿古城、乌鲁木齐、玛纳斯一线朝库尔加进军，在天山以北地区镇压了叛军。一年后，他们从哈密进军吐鲁番，迅速收复了塔里木盆地。